JESUS AMOROSO

Dados Internacionais de Catalogação na Publicação (CIP)
(Câmara Brasileira do Livro, SP, Brasil)

Frei Betto
Jesus amoroso : dimensão poética do Evangelho de João / Frei Betto. – Petrópolis, RJ : Vozes, 2025.

Inclui bibliografia
ISBN 978-85-326-7268-1

1. Bíblia. N.T. João – Crítica e interpretação I. Título.

25-281035 CDD–226.506

Índices para catálogo sistemático:

1. Evangelho de João : Crítica e interpretação
226.506

Cibele Maria Dias – Bibliotecária – CRB–8/9427

Frei Betto

JESUS AMOROSO

DIMENSÃO POÉTICA DO EVANGELHO de João

EDITORA VOZES

Petrópolis

www.freibetto.org
Agente literária: Maria Helena Guimarães Pereira
mhgpal@gmail.com

Preparação dos originais: Maria Helena Guimarães Pereira
Editoração: Débora Spanamberg Wink
Diagramação: Monique Rodrigues
Revisão gráfica: Fernando Sergio Olivetti da Rocha
Capa: Érico Lebedenco

ISBN 978-85-326-7268-1

Este livro foi composto e impresso pela Editora Vozes Ltda.

Para José Oscar Beozzo

Sumário

Siglas

ALN – Ação Libertadora Nacional

Cf. – confira, compare

MST – Movimento dos Trabalhadores Rurais Sem Terra

MTST – Movimentos dos Trabalhadores Sem-Teto

n. – nota

Op. cit. – obra citada

p. – página

Vol. – volume

Introdução

Dos quatro evangelhos, o de João[1] foi o último a ser escrito, em torno do ano 90 de nossa era. Difere dos outros três, tanto no conteúdo quanto na forma literária. O texto demonstra um autor místico e enigmático, poético e amoroso, vibrante e corajoso; dotado, sobretudo, de grande conhecimento teológico. Sua teologia é "descendente", ou seja, enquanto Marcos, Mateus e Lucas descrevem em "ascendência" – um galileu que, humano, se revelou divino –, João faz o caminho inverso: descreve um ser divino que se fez humano, "o Verbo se fez carne e habitou entre nós" (*João* 1,14). Como afirma Raymond E. Brown, conceituado especialista no quarto evangelho, "pode-se dizer que, para João, toda a vida de Jesus era uma transfiguração"[2].

Eduardo Hoornaert ressalta que "a linguagem do *Evangelho de João* é de caráter basicamente metafórico: Jesus é *o Verbo, a Verdade, a Vida, a Luz, a Videira, o Pastor, o Filho, o Ungido*. A surpresa consiste no fato de esse texto apresentar, em determinados casos, de modo mais preciso do que os anteriores evangelhos 'narrativos', dados historiográficos e topográficos que permitem seguir percursos efetuados por Jesus ao longo de sua vida pública. Mas João não 'costura' esses dados em um texto coeso de cunho histórico. Fica tudo esparso. [...] Enfim, o *Evangelho de João* fornece uma sucessão de indicações historiográficas e topográficas,

1. Muitos estudiosos defendem que este evangelho teria sido escrito não pelo apóstolo João, mas pela comunidade dos seus discípulos.

2. BROWN, R.E. *A comunidade do Discípulo Amado*. São Paulo: Paulus, 1999, p. 119.

mas não alinha esses dados de modo a construir um relato biográfico. Não se percebe interesse em apresentar uma 'história de Jesus', e sim demonstrar a relação de Jesus com Deus. Ao que me parece, João é teológico, não historiográfico"[3].

Dos quatro evangelhos, o de João é o mais "teórico", pois descreve longos discursos de Jesus. O autor dá a impressão de dominar mais a língua grega do que as semíticas. É o menos palestino dos relatos evangélicos e o mais distante do Jesus histórico, tão bem retratado por Marcos. Em um período de intensa perseguição aos cristãos, o objetivo de João foi convencer as comunidades primitivas a confiar na palavra de Jesus: "Tenham coragem, eu venci o mundo!" (16,33).

Os pesquisadores se perguntam intrigados: Seria João o mais jovem apóstolo de Jesus, o autor do quarto evangelho? De simples pescador na Galileia, irmão de Tiago[4] e filho de Zebedeu, que falava aramaico, teria se tornado um sofisticado teólogo que dominava o grego? O biblista Josef Blank acredita que João foi o autor do quarto evangelho, talvez originalmente escrito em aramaico e, em seguida, traduzido para o grego[5]. A descrição denota minúcias de uma testemunha ocular, como a localização exata de Betânia e do pórtico de Salomão no Templo, bem como a hora em

---

3. Texto enviado ao autor por e-mail.

4. Segundo fontes judaicas e cristãs, Tiago foi líder da Igreja em Jerusalém e morreu mártir, no início dos anos 60 (JOSEFO, F. *Antiguidades*, XXIX 1, n. 200-203; EUSÉBIO. *História* II xxiii 1-19).

5. "O que fez 'João', autor deste evangelho? Ele não apenas compilou e coordenou tradições que estavam à sua disposição, mas teve a coragem de enquadrar a mensagem de Jesus em linguagem, conceito e termos novos, em conceitos corriqueiros aos seus ouvintes, de tal forma que pudessem compreender e assimilar a mensagem. Dessa forma tornou a mensagem de Jesus simpática sobretudo ao mundo helenístico. Gregos cultos que tiveram contato com o cristianismo, como Justino, Clemente de Alexandria e Orígenes, sentiram-se atraídos pela doutrina do Evangelho" (BLANK, J. *O evangelho segundo João – 2ª parte*. Petrópolis: Vozes, 1988, p. 214).

que os diversos episódios ocorreram e as distâncias exatas entre os locais pelos quais Jesus transitou. João descreve em detalhes lugares que não são citados nos outros três evangelhos, como as piscinas de Betesda e de Siloé, e o lugar chamado “Pavimento”.

Não é um evangelho que enfatiza a ruptura de Jesus com o Primeiro Testamento. João, ao contrário, cita-o com frequência e ressalta a atuação do Nazareno como ápice do que as Escrituras sagradas descrevem e prometem. Enquanto os três evangelhos sinóticos[6] relatam a militância de Jesus em prol do projeto político do Reino de Deus, o de João é centrado na unidade de Jesus com Deus (Pai/Mãe) e no amor como pedra angular da comunidade dos discípulos do Nazareno[7]. Não deixa, contudo, de ser um texto com forte conteúdo político, de crítica contundente ao poder político-religioso da elite que ocupava o Templo de Jerusalém, como se verá a seguir.

É provável que esse evangelho tenha sido escrito em Éfeso, cidade histórica da Turquia que visitei em 2013. Sua população foi evangelizada pelo apóstolo Paulo[8] (*Atos do Apóstolos* 18,19-21) e, mais tarde, teria acolhido João, que ali passou o resto de sua vida. Segundo a tradição, Maria, mãe de Jesus, também teria vivido em Éfeso, onde se respirava uma cultura judaica-helenística, ou seja, muito enraizada na cultura grega. João se refere com frequência

---

6. “Sinótico” significa “que converge” ou “coincide”.

7. “Jesus não colocou as bases de uma nova doutrina em terminologia sistemática. Também não quis fundar uma Igreja como instituição definida com todas as funções, cargos, normas estabelecidas, de tal forma que, com a sua partida, estivesse pronta para funcionar. Pelo contrário, anunciou a proximidade da vinda do Reino de Deus. Esperava essa vinda em tempo bem curto, mesmo que não tenha fixado a data. Toda a sua atuação e o seu ensinamento estão impregnados da consciência de um fim bem próximo; não pensava num plano a longo prazo. Com a sua morte violenta na cruz, os discípulos de Jesus se viram forçados a voltar ao início [...] o despontar do novo mundo, do mundo de Deus” (BLANK, J. *Op. cit.*, pp. 130-131).

8. Cf. no Novo Testamento a *Carta aos efésios*, escrita por Paulo.

à "luz", "verdade", "caminho", "vida". "A teologia joanina é mais elaborada, reflexiva, simbólica, enquanto a sinótica é prevalentemente narrativa"[9].

Entre os estudiosos dos evangelhos perdura a pergunta se João conheceu os três relatos que o antecederam (Marcos, Mateus e Lucas). Não há consenso. Embora tenha incluído episódios que aparecem nos três primeiros evangelhos, como a partilha dos pães e a prisão e a condenação de Jesus, seu texto é uma criação singular. Há fatos que só ele relata, como o encontro de Jesus com a mulher samaritana e a ressurreição de Lázaro. Enquanto os sinóticos reúnem textos mais "rurais", o de João tem conotação mais "urbana".

A narrativa de João é nitidamente crítica ao judaísmo de sua época, o que historicamente alimentou entre os cristãos o antijudaísmo e até mesmo o antissemitismo. Ora, é um contrassenso confundir, hoje em dia, a crítica à política imperialista e bélica do governo dos Estados Unidos com o repúdio aos estadunidenses. É preciso contextualizar o texto de João em uma conjuntura na qual os adeptos de Jesus – muitos deles judeus convertidos – eram expulsos das sinagogas. Por isso, sofriam a acusação de serem responsáveis pela morte de Jesus, como fez Paulo no primeiro texto que se conhece da história do cristianismo, a *Primeira Carta aos Tessalonicenses*, escrita entre os anos 50 e 51: "Aqueles judeus que mataram o Senhor Jesus, que nos perseguiram, que não são do agrado de Deus, que são inimigos de todos os homens" (*1Tessalonicenses* 2,15). Sem dúvida, o Império Romano foi muito mais responsável pelo assassinato de Jesus do que o Sinédrio. Este o acusou; aquele o executou.

---

9. ODORÍSSIO, M. *Evangelho de João*: texto e comentário, leitura facilitada. São Paulo: Ave-Maria, 2000, p. 13.

Capítulo 1

> No princípio, era a Palavra; e a Palavra estava em Deus, a Palavra era Deus. No princípio ela estava em Deus.
>
> Tudo foi feito por meio dela e, de tudo o que existe, nada foi feito sem ela.
>
> Nela estava a vida, e a vida era a luz dos homens. Essa luz brilha nas trevas, e as trevas não a apagaram.

João escreve de forma poética, abrangente, holística. A abertura de seu evangelho evoca as primeiras páginas do *Gênesis*. Se para as comunidades cristãs primitivas da época de Marcos a partir do batismo no Jordão Jesus foi assumido como Filho de Deus; se para Mateus e Lucas, desde a manjedoura; para João, a Palavra, a manifestação de Deus entre nós, já "estava em Deus, a Palavra era Deus. No princípio ela estava em Deus".

João enfatiza a íntima comunhão entre Pai e Filho, Deus e Jesus, e o envio do Espírito Santo.

O prólogo de seu evangelho condensa toda a teologia que desenvolve ao longo dos 20 capítulos seguintes.

As trevas são as forças antagônicas ao projeto de Deus na história, vencidas pela luz.

> Surgiu um homem enviado por Deus, que se chamava João. Ele veio como testemunha, para dar testemunho da luz, a fim de que todos acreditassem por meio dele.
>
> Ele não era a luz, mas apenas testemunha da luz.

O uso recorrente do substantivo "luz" dá brilho ao prólogo do *Evangelho de João*. Entretanto, a referência a João Batista, ao contrário dos outros evangelistas, é lacônica. É possível que tenha se sentido incomodado pelo fato de alguns discípulos do Batista não terem seguido Jesus[10].

> A luz verdadeira, que ilumina toda a humanidade, chegava ao mundo. A Palavra estava no mundo, o mundo foi feito por meio dela, mas o mundo não a conheceu. Ela veio para os seus, mas os seus não a receberam. Ela, porém, deu o poder de se tornarem filhos de Deus a todos que a receberam, que acreditam no seu nome. Estes não nasceram do sangue, nem do impulso da carne, nem do desejo do homem, mas nasceram de Deus.

Chama a atenção o modo como o evangelista pontua sua narrativa e imprime-lhe caráter poético. O estilo é em contraponto: "estava no mundo" / "o mundo foi feito..." / "mas o mundo..."; "Veio para os seus" / "mas os seus não a receberam"; "Estes não nasceram do sangue" / "nem do impulso da carne" / "nem do desejo do homem" / "mas nasceram de Deus".

Já no início de sua narrativa evangélica João frisa que Jesus não foi aceito pelos israelitas como o Enviado de Deus: "Veio para os seus, mas os seus não o receberam". E, ao dissociar a proposta de Jesus do povo judeu, amplia-a a todos os povos: "Deu o poder de se tornarem filhos de Deus a todos que a receberam e acreditaram no seu nome".

Em todo o seu relato, João se refere ao "mundo", ora para valorizá-lo, ora para condená-lo. Segundo exegetas, muitas vezes "mundo" é, aqui, sinônimo daqueles que não aceitaram a proposta de Jesus e, inclusive, posicionaram-se contrários. Não se trata de uma rejeição da realidade terrena, temporal, na qual vivemos,

---

10. BROWN, R.E. *Op. cit.*, p. 72.

pois, para João, "o mundo foi feito por meio dela" (a Palavra)[11], o que significa que o mundo, em si, é "muito bom", como assinala o *Gênesis* (1,31).

> E a Palavra se fez humana e armou uma tenda entre nós. E nós contemplamos a sua glória: glória do Filho único do Pai, cheio de amor e fidelidade.

"Armou uma tenda" é uma tradução mais correta do que "habitou entre nós". Evoca as tendas que, supostamente, os hebreus teriam armado no deserto ao se libertarem da escravidão do Egito.

João, que conviveu com o Nazareno, frisa "a glória de Jesus, Filho único do Pai", ao plagiar *Êxodo* 40,34-35 e atribuir a ele duas particularidades: amor e fidelidade – tudo que se espera de uma pessoa. João deixa de lado outros atributos de Jesus, como o poder de operar milagres.

João (Batista) dá testemunho dele ao proclamar: "Este é aquele a respeito de quem falei: aquele homem que vem depois de mim passou na minha frente, porque existia antes de mim". Porque da sua plenitude todos nós recebemos graça por graça. Porque a Lei foi dada por Moisés, mas o amor e a fidelidade vieram através de Jesus Cristo.

Em João a palavra "amor" é recorrente. É possível que nas comunidades cristãs joaninas dos anos 90 houvesse muito desentendimento entre convertidos à fé cristã: judeus da Judeia, judeus gregos da diáspora, cristãos samaritanos, gentios romanos, gentios não romanos etc. Havia inclusive cristãos gnósticos, que negavam a existência histórica de Jesus.

> Ninguém jamais viu a Deus; quem nos revelou Deus foi o Filho único, que está junto ao Pai.

11. BROWN, R.E. *Op. cit.*, pp. 65-68.

Eis aqui o fundamento da fé dostoievskiana: o que sabemos de Deus é por via de seu Filho Jesus. Cremos em Deus por crermos em Jesus. Jesus é, por excelência, a revelação de Deus a nós.

> O testemunho de João [Batista] foi assim. As autoridades religiosas enviaram de Jerusalém sacerdotes e levitas para perguntarem a ele: "Quem é você?" João confessou e não negou: "Não sou o Cristo"[12]. Eles indagaram: "Então, quem é você? Elias?" João [Batista] disse: "Não sou". Eles insistiram: "É o Profeta?" Ele respondeu: "Não". Então perguntaram: "Quem é você? Temos que levar uma resposta para aqueles que nos enviaram. Quem você diz que é?" João declarou: "Sou a voz que clama no deserto: 'Aplainem o caminho do Senhor', como propôs o profeta Isaías".

João Batista provavelmente foi monge essênio no mosteiro de Qumran, próximo ao Mar Morto, onde deságua o Rio Jordão. Ao deixar a vida religiosa, tornou-se pregador ambulante junto àquele curso d'água que hoje banha Israel, Cisjordânia e Jordânia[13].

Filho de Zacarias, sacerdote do Templo de Jerusalém, e de Isabel, prima de Maria, mãe de Jesus, João Batista não quis seguir a carreira do pai. Abriu uma dissidência no judaísmo, o que incomodou as "autoridades judaicas", ou seja, os saduceus, fariseus, sacerdotes e levitas[14] que, em Israel, detinham o poder religioso e político.

---

12. "Cristo" significa "Messias".

13. "Jesus apresenta-se para colaborar com João Batista e começa a trabalhar num baixio no Rio Jordão chamado Aenon (Enom), perto de Salim (Jo 3,23), um local não identificado topograficamente. Há quem o situe a 11 ou 13 km de Nablus, onde existem ribeiras altas e a água corre com força (veja internet). Um lugar bastante isolado, pois o *Evangelho de João* informa que Jesus ali se refugia após enfrentar problemas em Jerusalém (Jo 10,39-42)" (Eduardo Hoornaert, "Por que Jesus se separou de João Batista?", texto divulgado por e-mail em janeiro de 2024).

14. Descendentes da tribo de Levi que, como religiosos não sacerdotes, cuidavam do culto no Templo de Jerusalém.

Uma delegação de sacerdotes e levitas foi enviada para submeter João Batista a um interrogatório – o que comprova que sua fama já havia se estendido até Jerusalém. Sabiam que ele atraía muita gente e queriam apurar se iniciava um novo movimento de libertação, como tantos que surgiram na Palestina sob ocupação romana, ou se usurpava de figuras proeminentes aguardadas pelo povo judeu: o Messias, o Cristo; o profeta Elias que, segundo o profeta Malaquias (4,5-6), retornaria para preceder à vinda do Messias; ou Moisés (*Deuteronômio* 18,15-18), considerado o profeta por excelência, que viria multiplicar os prodígios do êxodo.

João Batista negou a usurpação e, ao ser de novo interrogado, justificou-se ao evocar o profeta Isaías (40,3-4) e sua metáfora topográfica. Aplainar significa reduzir as desigualdades, nivelar a vida social, erradicar privilégios e exclusões.

> Os que tinham sido enviados eram partidários dos fariseus. Prosseguiram o interrogatório: “Então, por que batiza, se não é o Messias, nem Elias, nem o Profeta?” João explicou: “Batizo com água, mas no meio de vocês existe alguém que vocês não conhecem, e que vem depois de mim. Não mereço sequer desamarrar as correias das sandálias dele”.

Isso aconteceu em Betânia, onde João batizava. Ao esclarecer que seu batismo é simbólico, apenas prepara a vinda do Senhor. “Betânia, na outra margem do Jordão”, não é a localidade de mesmo nome, próxima a Jerusalém, onde viviam Marta, Maria e Lázaro, amigos de Jesus.

> No dia seguinte, João [Batista] viu Jesus se aproximar. E apontou: “Eis o Cordeiro de Deus, aquele que tira o pecado do mundo. Este é aquele de quem falei: ‘Depois de mim vem um homem que passou na minha frente, porque existia antes de mim’. Eu também não o conhecia. Mas vim batizar com água, a fim de que ele se manifeste a Israel”.

João Batista aplica a Jesus a imagem do cordeiro pascal (*Êxodo* 12,1-14) e o dito de Isaías a respeito do Servo Sofredor (52,13; 53,12). Segundo informa João Evangelista, o Batista tinha uma concepção teológica expiatória, muito em voga na época – Jesus teria vindo para se sacrificar pela remissão dos pecados da humanidade. Isso faz supor que Deus quis a morte do Filho. Recuso a ideia de que Deus precisou sacrificar Seu próprio Filho para libertar a humanidade, à semelhança do que Abraão faria com seu filho Isaac (*Gênesis* 22). Se Javé evitou que Abraão – que mudara de fé[15], mas não de ritual – matasse Isaac, por que haveria de querer a morte de Jesus? No entanto, entre os de origem judaica como João, a cultura do bode expiatório era muito forte no primeiro século.

> E João [Batista] testemunhou: "Vi o Espírito[16] descer do céu como uma pomba e pousar sobre ele. Eu também não o conhecia. Aquele que me enviou para batizar com água foi quem me disse: 'Aquele sobre quem você vir o Espírito descer e pousar, esse é quem batiza com o Espírito Santo'. Vi e dou testemunho de que este é o Filho de Deus".

Na Bíblia, a pomba significa paz como para Noé (*Gênesis* 8, 8.10); pureza (*Salmo* 68,13); presença do Espírito de Deus (*Gênesis* 1,2).

"O título 'filho de Deus' não deve ser entendido no sentido que lhe deu a teologia posterior. Esta expressão comporta no ju-

---

15. Esse era um ritual prescrito pelo livro do *Levítico* (16,20-22): o sumo sacerdote colocava as duas mãos sobre a cabeça do bode e confessava os pecados do povo hebreu. Em seguida, o bode era levado ao deserto e solto. Essa ideia de expiação era ainda muito forte no tempo de Jesus. Para um judeu expiar os pecados deveria ir ao Templo e pagar pelo sacrifício, ou seja, a imolação de um animal. Essa é a associação que o evangelho fez com seu sangue "derramado em favor de muitos" (*Marcos* 14,24).

16. A palavra grega *pneuma*, a hebraica *ruach* e a latina *spiritus* têm duplo sentido: "sopro" e "espírito".

daísmo sentidos diversos. Neste contexto preciso equivale a 'rei de Israel'; o Messias era o filho adotivo de Deus segundo o *Salmo* 2: 'O Senhor me disse: Tu és meu filho. Eu hoje te gerei" (2,7)[17].

João Batista era uma figura isolada ou liderava um movimento social e religioso mais amplo? Segundo o biblista Blanchard, "hoje, a segunda hipótese parece a mais provável. Grupos proféticos teriam surgido no início do século I, nos limites do judaísmo da Palestina (Galileia, Samaria e Transjordânia), e se caracterizavam pela acolhida de todos os indivíduos marginais que os judeus de estrita observância, especialmente os fariseus, chamavam de 'pecadores', com conotação pejorativa"[18].

> No dia seguinte, João estava ali de novo, com dois discípulos. Ao ver Jesus passar, apontou: "Eis aí o Cordeiro de Deus". Ao ouvir essas palavras, os dois discípulos seguiram Jesus, que se virou e ao ver que o seguiam perguntou: "O que procuram?" Eles disseram: "Rabi (que significa Mestre), onde mora?" Jesus respondeu: "Venham e verão". Foram e viram onde Jesus morava. E começaram a viver com ele naquele mesmo dia. Eram mais ou menos quatro horas da tarde.

Com frequência, como se verá ao longo do texto, João cita a hora em que os episódios ocorreram. Chego a pensar que foi o único evangelista a usar relógio[19]...

Sabemos, pelo texto que vem em seguida, que um dos dois discípulos de João que passaram a seguir Jesus, chamava-se André, irmão de Pedro[20].

---

17. JAUBERT, A. *Leitura do evangelho segundo João*. São Paulo: Paulinas, 1982, p. 47.

18. BLANCHARD, Y.-M. *São João*. São Paulo: Paulinas, 2004, p. 80.

19. Os primeiros relógios foram criados na Babilônia por volta de 5000 a.C.

20. Brown acredita que o outro discípulo era João, autor do evangelho, que teria sido discípulo de João Batista (BROWN, R.E. *Evangelho de João e Epístolas*. São Paulo: Paulinas, 1975, p. 12).

Na cultura semita, ser recebido na casa de alguém equivale a se integrar à família – característica que, no Brasil, é comum em Minas Gerais. Talvez por isso Belo Horizonte, onde nasci, não tenha bairros étnicos como a capital paulista, na qual o Bom Retiro abriga judeus e a Liberdade, asiáticos. Comenta-se que, em Minas, o forasteiro é convidado a casa; em São Paulo, ao restaurante; e no Rio, ao bar.

> André, irmão de Simão Pedro, era um dos dois que ouviram as palavras de João e seguiram Jesus. Ele encontrou primeiro seu irmão Simão e lhe disse: "Encontramos o Messias" (que significa Cristo). Então André apresentou Simão. Jesus olhou bem para Simão e disse: "Você é Simão, filho de João. Agora vai se chamar Cefas" (que significa Pedro).
>
> No dia seguinte, Jesus decidiu partir para a Galileia. Encontrou Filipe e disse: "Siga-me". Filipe era de Betsaida, cidade de André e Pedro. Ao ver Natanael, falou: "Encontramos aquele de quem Moisés escreveu na Lei, e também os profetas: é Jesus de Nazaré, o filho de José". Natanael indagou: "De Nazaré pode sair coisa boa?" Filipe respondeu: "Venha e verá".

Nazaré, aldeia da Galileia, jamais é citada no Primeiro Testamento. Como o Messias poderia sair de lugar tão insignificante? As Escrituras não preveem que o Messias nasceria em Belém? (*Miqueias* 5,2). João, portanto, confirma Nazaré como local histórico do nascimento de Jesus, embora Mateus e Lucas, por razões teológicas, tenham-no situado em Belém, cidade do Rei Davi.

Como era costume na Antiguidade, o mestre escolhia seus discípulos e não havia sobrenomes. As pessoas eram identificadas por seu lugar de origem (Tomás de Aquino; Francisco de Assis etc.) ou filiação, como Filipe identificou Jesus: "de Nazaré, o filho de José".

Apenas no *Evangelho de João* aparece o nome Natanael, um dos 12 apóstolos. Nos outros três evangelhos, a mesma pessoa recebe o nome Bartolomeu.

> Jesus viu Natanael se aproximar e comentou: "Eis aí um verdadeiro israelita, sem falsidade". Natanael perguntou: "De onde me conhece?" Jesus respondeu: "Antes que Filipe chamasse você, eu o vi debaixo da figueira". Natanael reagiu: "*Rabi*, o senhor é o Filho de Deus, o rei de Israel!" Jesus retrucou: "Você acredita só porque lhe disse: 'Vi você debaixo da figueira?' No entanto, verá coisas maiores do que essas". E Jesus assegurou: "Eu lhes garanto: vocês verão o céu aberto, e os anjos de Deus subindo e descendo sobre o Filho do Homem"[21].

A figueira simboliza as Escrituras, pois o figo é uma fruta da qual tudo se come, inclusive a casca. "Estar debaixo da figueira ou procurar figos significava estar interessado nos caminhos de Deus"[22].

Na etimologia popular, "israelita" significa "homem que vê a Deus"[23]. Jesus prenunciou que Natanael veria grandes coisas.

---

21. Imagem tirada de *Gênesis* 28,12. Os anjos "costuram" a ligação entre o céu e a Terra. "Onipresente na boca de Jesus – em todos os quatro evangelhos –, o título de Filho do Homem é um mistério. A expressão é geralmente relacionada ao livro de Daniel – 'Eu via, nas visões da noite, e eis que com as nuvens do céu vinha alguém como um Filho de Homem' (7,13) – e parece designar um personagem celeste, estreitamente associado ao poder divino e investido de realeza sobre o conjunto da humanidade. A soberania do Filho do Homem é de natureza diferente da do Messias davídico, ligada às esperanças nacionais do povo de Israel. Enquanto manifesta uma grande reserva em relação ao título de rei, Jesus parece considerar a figura do Filho do Homem mais de acordo com o caráter universal e definitivo de sua missão" (BLANCHARD, Y.-M. *Op. cit.*, pp. 84-85).

22. ODORÍSSIO, M. *Op. cit.*, p. 35.

23. BROWN, R.E. *Evangelho de João e Epístolas*, p. 33.

Capítulo 2

> Três dias depois houve uma festa de casamento em Caná da Galileia[24], e a mãe de Jesus compareceu. Jesus também tinha sido convidado para a festa, junto com seus discípulos.
> Faltou vinho, e a mãe de Jesus o alertou: "Eles não têm mais vinho!" Jesus retrucou: "Mulher, o que existe entre nós? Minha hora ainda não chegou"[25]. Maria dirigiu-se aos que serviam: "Façam o que ele pedir".

Em minha infância, casamentos no interior de Minas tinham número incerto de convidados. Era comum um parente ou amigo dos noivos chegar acompanhado de familiares e conhecidos. É possível que o mesmo tenha acontecido em Caná. O número de presentes superou as previsões dos noivos e, por isso, o vinho acabou.

A expressão "mulher!" era usual na época. Até escravizados a utilizavam. Aqui, no caso, é como se Jesus tivesse dito: "Isso não é problema meu!" No entanto, atendeu o pedido de sua mãe. Os profetas haviam previsto a abundância de vinho como sinal da era da libertação[26].

---

24. Caná, também chamada de Kafr Kanna, dista cerca de 10 km de Nazaré.

25. "A resposta aparentemente rude de Jesus ('que há entre mim e ti?') nada tem de desrespeitosa: é idiotismo hebraico e, em si, apenas significa 'isto não nos diz respeito'. A expressão é frequente nas Escrituras" (ODORÍSSIO, M. *Op. cit.*, p. 37). Assim como em muitos lugares se utiliza "senhora", na Galileia se usava "mulher" ao se referir a uma pessoa de sexo feminino.

26. "O sinal das bodas de Caná, mencionado apenas no *Evangelho de João*, parece ser uma exceção na série de milagres de Jesus. Talvez se trate de uma

> Havia ali seis potes de pedra de cerca de cem litros cada um, que serviam para os ritos de purificação dos judeus. Jesus ordenou aos que serviam: "Encham de água esses potes". Eles encheram até a boca. Em seguida, Jesus pediu: "Agora levem uma prova ao mestre de cerimônias". Assim fizeram.
>
> O mestre de cerimônias provou a água transformada em vinho, sem saber a procedência. Os que serviam sabiam, pois haviam tirado dos potes. Então o mestre de cerimônias chamou o noivo e observou: "Todos servem primeiro o vinho bom e quando os convidados já beberam bastante servem o de menor qualidade. Você, porém, guardou o vinho bom até agora".

Os potes de pedra continham água a ser usada nas abluções. Como as pessoas faziam longas caminhadas por estradas empoeiradas, ao chegarem em uma casa precisavam lavar as mãos e os pés.

Jesus fez seu primeiro milagre por pura gratuidade, para dar continuidade à festa. E o fez em abundância: 600 litros de vinho! João quer ressaltar que, com Jesus, o projeto do Reino se manifesta, e a abundância de vinho é uma das imagens utilizadas pelos profetas para sinalizar que chegou o tempo da libertação (*Amós* 9, 13-14; *Joel* 14,3).

As celebrações de casamentos costumavam se estender por três ou mais dias (*Juízes* 14,10-18). Em Caná, Jesus transformou água em vinho; em Jerusalém, na última ceia, transformou vinho em seu próprio sangue.

O mestre de cerimônias do casamento atuava como *sommelier*, ou seja, avaliava a qualidade dos vinhos. Na época, a fabricação de vinhos já havia atingido certo nível de sofisticação, e duas

---

narrativa simbólica, isto é, concebida em função de uma afirmação teológica que declara o advento de novos tempos e anuncia Jesus como a figura messiânica esperada por Israel. De fato, no judaísmo da época, o vinho abundante simbolizava a plenitude dos últimos tempos" (BLANCHARD, Y.-M. *Op. cit.*, pp. 45-46).

cidades palestinas se destacavam como melhores produtoras: Atulaim e Quiriate-Jearim.

> Foi assim, em Caná da Galileia, que Jesus começou a fazer sinais de libertação. Ele manifestou a sua glória, e seus discípulos acreditaram nele. Em seguida, desceu para Cafarnaum com sua mãe, seus irmãos e seus discípulos. Ali ficaram apenas alguns dias.

João chama os milagres de "sinais de libertação"[27]. De fato, Jesus veio nos propor um novo projeto civilizatório, que denominava Reino de Deus em oposição ao reino de César[28].

João registra que Jesus se encontrava na festa de Caná acompanhado de seus discípulos. Sem dúvida, seus primeiros discípulos – que, antes, foram discípulos de João Batista, que "não bebia vinho" (*Lucas* 7,33). "João Batista pertencia ao período do jejum e da preparação, ao passo que Jesus inaugurava as núpcias de Deus com seu povo (*Marcos* 2,19). A dialética Jesus/João Batista = jejum/alegria da festa era conhecida da comunidade cristã (*Mateus* 11,18-19)"[29].

Vale observar que também João se refere a "irmãos" de Jesus, citados por Marcos (6,3) e Mateus (13,55-56), o que nos permite pressupor que Maria e José tiveram outros filhos. Outra hipótese é que José seria viúvo e, ao se unir a Maria, trouxe os filhos do primeiro casamento. Portanto, eram irmãos de Jesus.

---

27. "A palavra 'sinais' designa o conjunto das atividades de Jesus, atos e palavras. [...] O quarto evangelho nunca usa a palavra 'milagres' (em grego *dynameis*, literalmente 'atos de poder') e, por outro, aplica a certas narrativas de milagres o título de 'sinais'" (BLANCHARD, Y.-M. *Op. cit.*, p. 44).

28. "Lendo as Parábolas de Jesus dá para perceber que o Reino de Deus, enfim, consiste na decisão de lutar em prol de um mundo mais justo e fraterno" (Eduardo Hoornaert, "Por que Jesus se separou de João Batista?", texto divulgado por *e-mail* em janeiro de 2024).

29. JAUBERT, A. *Op. cit.*, p. 49.

> A Páscoa judaica estava próxima, e Jesus subiu para Jerusalém. No Templo, encontrou vendedores de bois, ovelhas e pombas e, sentados, cambistas. Fez um chicote de cordas e expulsou todos do Templo junto com ovelhas e bois; derrubou as mesas dos cambistas e esparramou as moedas. Advertiu os que vendiam pombas: "Tirem isso daqui! Não transformem a casa de meu Pai num mercado". Seus discípulos se lembraram do que diz a Escritura: "O zelo pela tua casa me consome"[30].

Jesus vivia na Galileia, mas viajava à Judeia nas épocas das grandes festas judaicas. Logo no início de seu relato evangélico, João registra Jesus rompendo com o Templo de Jerusalém. Ali funcionava o principal banco do Império Romano, devido às fortunas recolhidas em impostos, vendas de animais para os sacrifícios cultuais e doações. Havia casas de câmbio, porque o Templo só aceitava o siclo (*shekel* em hebraico) como moeda para compra de animais destinados ao sacrifício, o que obrigava os peregrinos a trocarem dinheiro. Bois, ovelhas, pássaros e outros animais eram vendidos para serem oferecidos em culto a Deus. Sem eles não havia sacrifício.

> Então as autoridades perguntaram a Jesus: "Quem o autoriza a agir assim?" Jesus respondeu: "Destruam esse Templo e em três dias eu o reerguerei". As autoridades observaram: "A construção desse Templo demorou quarenta e seis anos, e você o reerguerá em três dias?"
>
> O Templo de que Jesus falava era o seu corpo. Quando ressuscitou, os discípulos se lembraram o que havia dito, acreditaram na Escritura e na palavra dele.

Como João esclarece, o Templo que, destruído, seria reerguido em três dias simboliza o corpo ou a vida de Jesus, que ressusci-

30. *Salmo* 69,9.

taria. É evidente que o relato evangélico de João foi escrito décadas depois da condenação de Jesus e, portanto, já se sabia de sua ressurreição. João, contudo, tinha ciência de que os judeus convertidos à fé cristã estavam desolados com a destruição do Templo de Jerusalém, no ano 70, pelas tropas romanas. Por isso, quis amenizar esse impacto com seu enfoque teológico Cristo-Templo.

Os 46 anos se referem à reforma do Templo, iniciada pelo Rei Herodes nos anos 20-19 a.C. e concluída em 28 d.C. Esse dado nos permite precisar que esse diálogo ocorreu no ano 28.

> Jesus se encontrava em Jerusalém durante a festa da Páscoa. Ao ver os sinais que ele fazia muitos acreditaram no seu nome. Mas Jesus não confiava neles, pois conhecia todos. Não precisava de informações a respeito de ninguém, porque conhecia as pessoas por dentro.

Esse dom da intuição, de "conhecer as pessoas por dentro", encontramos vida afora em gente que tem a mesma aptidão. Não devemos deduzir dessa informação de João que Jesus sabia tudo por ser a encarnação de Deus. Isso seria ceder ao docetismo, condenado pela Igreja como heresia, porque nega a humanidade de Cristo. Jesus era plenamente homem e plenamente Deus. Como homem, tinha as mesmas limitações culturais que nós. Como assinala o *Evangelho de Lucas*, "Jesus crescia em sabedoria, idade e graça diante de Deus e dos homens" (2,52). Se crescia, não nasceu pronto. E era plenamente Deus porque amava assim como somente Deus ama.

Capítulo 3

Entre os fariseus havia um homem chamado Nicodemos. Era um judeu importante. Foi se encontrar de noite com Jesus: "*Rabi*, sabemos que o senhor é um Mestre vindo da parte de Deus. Realmente, ninguém pode realizar os sinais que o senhor faz se Deus não estiver com ele". Jesus retrucou: "Garanto a você: se alguém não nasce do alto, não poderá ver o Reino de Deus".

Nicodemos indagou: "Como um homem pode nascer de novo, se já é velho? Poderá entrar outra vez no ventre de sua mãe e nascer?" Jesus respondeu: "Afirmo a você: ninguém pode entrar no Reino de Deus se não nasce da água e do Espírito. Quem nasce da carne é carne, quem nasce do Espírito é espírito. Não se espante se afirmo que é preciso vocês nascerem do alto. O vento sopra onde quer, você ouve o ruído, mas não sabe de onde ele vem, nem para onde vai. Acontece a mesma coisa com quem nasceu do Espírito".

Nicodemos ficou curioso: "Como isso pode acontecer?" Jesus reagiu: "Você é mestre em Israel e não sabe essas coisas? Garanto a você: falamos aquilo que sabemos, e damos testemunho daquilo que vimos, mas, apesar disso, vocês não aceitam o nosso testemunho. Se não acreditam quando falo sobre as coisas da Terra, como poderão acreditar quando lhes falar das coisas do céu? Ninguém subiu ao céu a não ser aquele que desceu do céu: o Filho do Homem. Assim como Moisés levantou a serpente no

> deserto[31], do mesmo modo é preciso que o Filho do Homem seja levantado. Assim, todo aquele que nele acreditar terá vida eterna."

João joga muito com a antítese "noite/trevas" e "dia/luz", significando a esfera da ignorância e do mal em contraposição à da sabedoria e do bem[32].

Nicodemos era "um judeu importante", lembra João. Integrava o Sinédrio, a mais alta corte judiciária de Israel. Mas parece que era covarde e não muito inteligente, embora aberto ao diálogo. Preferiu "se encontrar à noite com Jesus". Temia que seus pares soubessem de seu contato com o Nazareno, crítico do legalismo religioso de Israel.

Nicodemos não queria ser visto em companhia de alguém que ousava afrontar a religião esclerosada do Templo de Jerusalém. E não captou a metáfora de "nascer do alto". Como observou Jesus, ele era doutor em Israel e ignorava "essas coisas". Foi preciso que o Nazareno explicasse em linguagem poética: "O vento sopra onde quer, você ouve o ruído, mas não sabe de onde ele vem, nem para onde vai. Acontece a mesma coisa com quem nasceu do Espírito"[33].

Um detalhe importante e pouco salientado é que, "ao insistir no renascimento espiritual, Jesus negou a importância do

---

31. *Números* 21,9.

32. "O gosto do quarto evangelho pelas antíteses ou pares de palavras (luz--trevas, verdade-mentira) pode ser comparado com os sistemas de pensamento 'gnóstico', subjacentes desde o século I e particularmente ativos nos séculos II e III. Os adeptos do 'conhecimento' (daí o nome 'gnóstico', tirado do verbo grego *gignoskein* = conhecer) com frequência fazem uso de uma representação binária do mundo, organizada em oposições absolutas, como Bem e Mal, o Deus juiz do Antigo Testamento e o verdadeiro Deus revelado por Jesus etc." (BLANCHARD, Y.-M. *Op. cit.*, p. 122).

33. "A mesma palavra hebraica e grega se usa para dizer 'vento' e 'espírito'" (BROWN, R.E. *Evangelho de João e Epístolas*, p. 42).

nascimento natural dentro do Povo eleito; outra coluna mestra do judaísmo foi substituída"[34].

Como veremos ao fim do evangelho, mais tarde Nicodemos aderiu abertamente a Jesus e ousou, junto com José de Arimateia, dar-lhe sepultura digna.

> Deus amou de tal forma o mundo que entregou o seu Filho único, para que todos que nele acreditam não morram, tenham vida eterna. De fato, Deus enviou seu Filho ao mundo não para condenar, e sim para que o mundo seja salvo por meio dele. Quem acredita nele não está condenado; quem não acredita, já está condenado, porque não acreditou no nome do Filho único de Deus.

De novo, João evoca o amor de Deus e a missão redentora de Jesus. E, ao contrário dos outros três evangelistas, alterna fatos da vida de Jesus com reflexão teológica. Seu estilo, no entanto, é apocalíptico. Trabalha na dialética salvação/condenação. Aliás, ele é o autor do mais enigmático livro da Bíblia: o *Apocalipse*.

> O julgamento é este: a luz veio ao mundo, mas os homens preferiram as trevas, porque suas ações eram más. Quem pratica o mal tem ódio da luz, e não se aproxima, para que suas ações não sejam desmascaradas. Mas quem age conforme a verdade se aproxima da luz, para que suas ações sejam vistas, porque são feitas como Deus quer.

Vale lembrar que no *Gênesis* (1,3) a luz foi o primeiro dom da Criação: "Deus disse: 'Faça-se a luz!' E a luz foi feita".

Repete-se o contraponto entre luz/trevas. Jesus exorta seus discípulos a agirem com transparência.

> Em seguida, Jesus foi para a região da Judeia com seus discípulos. Ficou com eles ali onde batizava.

---

34. BROWN, R.E. *Evangelho de João e Epístolas*, p. 44.

> João também batizava em Enom, perto de Salim, onde havia bastante água. As pessoas iam para ser batizadas. João ainda não tinha sido preso.

Enom significa "nascente". Ignora-se onde, na Judeia, situava-se Salim. Havia um povoado com esse nome na Samaria. João é o único autor evangélico a afirmar que Jesus batizava. Era o batismo de água, de purificação, e não de Espírito, introduzido após a ressurreição.

Essa informação de João, de que Jesus e o Batista batizavam simultaneamente (aliás, omitida por Marcos, Mateus e Lucas), comprova que João Batista não foi um mero precursor de Jesus. Ele constituiu um movimento que não se integrou ao Movimento de Jesus, com certeza por diferirem no estilo de espiritualidade adotado. Enquanto João propunha uma espiritualidade penitencial, associada a tradições inspiradas pelo Primeiro Testamento, Jesus tinha uma proposta de futuro centrada na utopia do Reino de Deus. O Batista pregava uma espiritualidade mais voltada às virtudes pessoais, enquanto Jesus tinha uma ótica mais social, mais amorosa e politicamente fundada na partilha dos bens da Terra e dos frutos do trabalho humano.

> Começou uma discussão entre os discípulos de João [Batista] e um judeu sobre a purificação. Eles foram ao Batista e disseram: "*Rabi*, aquele que estava com você na outra margem do Jordão, e do qual você deu testemunho, agora também batiza, e todos correm para ele!"
>
> João [Batista] respondeu: "Ninguém pode receber alguma coisa se esta não lhe for dada pelo céu. Vocês são testemunhas daquilo que eu disse: 'Eu não sou o Messias, mas fui enviado antes dele'. É o noivo que recebe a noiva; e o amigo, que está ali à espera, se enche de alegria quando ouve a voz do

> noivo. Esta é a minha alegria, e ela é profunda. É preciso que ele cresça e eu diminua"[35].

Eram intermináveis as discussões dos fariseus sobre o que é puro ou impuro (*Levítico* 11)[36]. A chave de leitura de Jesus não era o puro/impuro, e sim o justo/injusto.

Os discípulos de João Batista demonstraram certo ciúme em relação à atividade do Nazareno. Supunham que Jesus era discípulo, por ter sido batizado por ele. Agora o discípulo parecia superar o mestre... João Batista, entretanto, tratou de tranquilizá-los. Valorizou a ação de seu primo.

Para enfatizar que Jesus era superior a João Batista, o autor do evangelho registra que ele teria dito a frase: "É preciso que ele cresça e eu diminua". Isso, provavelmente, deve-se à tensão que, no século I, havia entre os adeptos do Movimento de Jesus e os

---

35. "Nos casamentos judeus, o noivo vinha com seus amigos à casa da noiva para levá-la consigo para seu lar. Seu melhor amigo ficava de guarda, junto à porta da noiva, para certificar-se de que ninguém tinha entrado antes de ele chegar. Como este amigo, João Batista ouve o noivo chegar para buscar Israel, sua noiva, e se alegra de poder sumir do cenário" (BROWN, R.E. *Evangelho de João e Epístolas*, pp. 45-46).

36. "A lei do puro e do impuro definia quem estava mais perto e quem estava mais longe de Deus. Uma pessoa doente ou com alguma deficiência física era considerada impura por causa de algum pecado, uma vez que a doença era vista como castigo de Deus. O simples contato com pessoas ou coisas impuras já causava impureza. Estar impuro significava não poder participar do culto e, consequentemente, do povo de Deus e da salvação. Muitas pessoas viviam em condições quase permanentes de impureza. As autoridades judaicas, através da Lei, tinham a pretensão de controlar o corpo da mulher e do homem. Essa situação de opressão tinha maior peso sobre a mulher, que ficava impura por causa da menstruação (*Levítico* 15,19), das relações sexuais (*Levítico* 15,18) e do parto (*Levítico* 12,5-8). Para se purificarem as pessoas deviam levar ofertas e pagar o tributo religioso em dia. Isso custava muito caro, dificultando para os pobres o cumprimento da Lei" (MARQUES, M.A.; NAKANOSE, S. *Entendendo o Evangelho de João*. São Paulo: Paulus, 2015, pp. 14-15).

seguidores do Batista. Estes últimos defendiam que o Batista era o verdadeiro Messias[37].

> Aquele que vem do alto está acima de todos. Quem é da Terra pertence à Terra e fala como terrestre. Aquele que vem do céu dá testemunho daquilo que viu e ouviu, mas ninguém aceita o seu testemunho. Porém, quem aceita o seu testemunho comprova que Deus é verdadeiro. De fato, aquele que Deus enviou fala as palavras de Deus, porque Deus lhe dá o Espírito sem medida. O Pai ama o Filho e entregou tudo em suas mãos. Aquele que acredita no Filho possui vida eterna. Quem rejeita o Filho nunca verá a vida, pois a ira de Deus permanece sobre ele.

Tais palavras agrediam os ouvidos e a fé dos judeus contemporâneos de Jesus. Escandalizados, acusavam-no de violar o monoteísmo de Moisés, ter a pretensão de precedê-lo na eternidade e pregar a existência de três deuses: Javé, o Filho e o Espírito Santo.

---

37. FLANAGAN, N.M. João. *In*: BERGANT, D.; KARRIS, R.J. (orgs.). *Comentário bíblico – vol. III*. São Paulo: Loyola, 1999. pp. 109-142, p. 113.

Capítulo 4

> Os fariseus souberam que Jesus atraía discípulos e batizava mais do que João. (Na verdade, não era Jesus que batizava, mas seus discípulos.) Ao saber disso, Jesus deixou a Judeia e retornou à Galileia. Era preciso atravessar a Samaria. Chegou a uma cidade da Samaria chamada Sicar[38], perto do campo que Jacó havia dado a seu filho José. Ali ficava a Fonte de Jacó. Cansado da viagem, sentou-se junto à fonte. Era quase meio-dia.

"Era preciso atravessar a Samaria." Sobre esse trecho: "Havia outro caminho, o outro lado do Rio Jordão, passando por fora da Samaria (*Mateus* 10,1). A expressão 'era preciso' indica a opção de Jesus: ele vai ao encontro de um povo discriminado e desprezado"[39].

Como ainda não havia o batismo cristão, João matiza a notícia de que Jesus batizava ao informar que não era ele quem batizava, e sim seus discípulos.

"Era quase meio-dia." Mais uma vez João confere o relógio... Enquanto Nicodemos encontrou Jesus no período das trevas, à noite, a samaritana o encontrou em plena luz, com sol a pino. Não sabemos o nome dela, embora represente todo o povo samaritano.

> Chegou uma mulher samaritana para tirar água. Jesus lhe pediu: "Dê-me de beber". (Os discípulos tinham ido à cidade comprar mantimentos.) A samaritana perguntou: "Como o senhor, sendo judeu,

---

38. Conhecida no Primeiro Testamento por Siquém (*Gênesis* 33,19; 48,22).

39. MARQUES, M.A.; NAKANOSE, S. *Op. cit.*, p. 58.

pede de beber a mim, que sou samaritana?" (De fato, os judeus não se dão bem com os samaritanos.)[40] Jesus retrucou: "Se conhecesse o dom de Deus, e quem lhe pede de beber, você é que lhe pediria. E ele daria a você água viva".

A mulher disse a Jesus: "Senhor, você não tem um balde e o poço é fundo. De onde vai tirar água viva? Certamente não pretende ser maior do que o nosso pai Jacó, que nos deu este poço, e do qual bebeu junto com seus filhos e animais!" Jesus objetou: "Quem bebe desta água vai ter sede de novo. Mas aquele que beber a água que darei, esse nunca mais terá sede. E a água que darei se tornará dentro dele fonte de água que jorra para a vida eterna". A mulher pediu a Jesus: "Senhor, dá-me dessa água, para que eu não tenha mais sede, nem precise vir aqui tirar".

---

40. Por volta de 722 a.C. os assírios invadiram o norte de Israel, deportaram a população, colonizaram a região e entregaram suas terras a outros povos que, em parte, adotaram o judaísmo – eis os samaritanos. Estes sempre foram encarados pelos habitantes da Judeia como repulsivos invasores semipagãos. "A palavra 'samaritano' vem de Samaria, capital do reino de Israel no Norte. Depois da morte de Salomão, em 931 a.C., as dez tribos do Norte se separaram do reino de Judá, no Sul, e formaram um reino independente (*1Reis* 12,1-33). O Reino do Norte sobreviveu durante cerca de 200 anos. Em 722 a.C., o seu território foi invadido pela Assíria. Grande parte de sua população foi deportada (*2Reis* 17,5-6) e gente de outros povos trazida para a Samaria (*2Reis* 17,24). Houve mistura de raça e de religião (*2Reis* 17,25-33). Desta mistura nasceram os *samaritanos*. Os judeus do Sul desprezavam os samaritanos como infiéis e adoradores de falsos deuses (*2Reis* 17,34-41). Chegaram a dizer que ser samaritano era coisa do diabo (*João* 8,48). Muito provavelmente as causas deste ódio não eram só a raça e a religião. Era também um problema político-econômico, ligado à posse da terra. Esta rivalidade perdurava até o tempo de Jesus" (MESTERS, C.; LOPES, M. *O avesso é o lado certo*: Círculos Bíblicos sobre o Evangelho de Lucas. São Leopoldo: Cebi; São Paulo: Pia Sociedade Filhas de São Paulo, 1998, p. 89). Os samaritanos aceitavam apenas os cinco primeiros livros do Primeiro Testamento e rejeitavam os profetas. Em 128 a.C. os judeus haviam destruído o templo samaritano no Monte Garizim, o que acirrou as hostilidades entre os dois povos.

Jesus disse à samaritana: "Vai chamar o seu marido e volte aqui". A mulher respondeu: "Não tenho marido". Jesus reagiu: "Tem razão ao dizer que não tem marido. De fato, teve cinco maridos. E o homem com quem vive agora não é seu marido[41]. Nisso você falou a verdade".

A mulher admitiu: "Vejo que o senhor é profeta! Nossos pais adoraram a Deus nesta montanha. E vocês, judeus, dizem que é em Jerusalém o lugar onde se deve adorar".

Jesus explicou: "Mulher, acredita em mim. Já chega a hora em que não adorarão o Pai nem sobre esta montanha, nem em Jerusalém. Vocês adoram o que não conhecem, nós adoramos o que conhecemos, porque a salvação vem dos judeus. Mas se aproxima a hora, e é agora, em que os verdadeiros adoradores adorarão o Pai em espírito e verdade. Porque são estes os adoradores que o Pai procura. Deus é espírito, e aqueles que o adoram devem adorá-lo em espírito e verdade".

A mulher disse a Jesus: "Sei que virá um Messias (aquele que se chama Cristo) e quando vier, vai nos mostrar todas as coisas". Jesus admitiu: "Esse Messias *sou eu* que falo com você".

Nesse momento, os discípulos de Jesus chegaram. Ficaram surpresos ao vê-lo falar com uma mulher, mas ninguém perguntou o que ele queria, ou por que conversava com ela. Então, a mulher largou o balde, correu à cidade e contou às pessoas: "Venham ver um homem que me disse tudo o que fiz. Não será ele o Messias?"

Enquanto isso, os discípulos insistiam com Jesus: "Mestre, coma alguma coisa". Jesus se justificou: "Tenho um alimento para comer que vocês não conhecem". Os discípulos comentavam: "Será que alguém

41. Os cinco maridos simbolizam os cinco povos estrangeiros trazidos pelos assírios para habitar a Samaria (*2Reis* 17,24-31), e o sexto, a imposição do judaísmo do Templo de Jerusalém desde 128 a.C.

> trouxe algo para ele comer?" Jesus disse: "Meu alimento é fazer a vontade Daquele que me enviou e realizar a Sua obra. Vocês não dizem que faltam quatro meses para a colheita? Pois digo a vocês: ergam os olhos e olhem os campos – já estão dourados para a colheita[42]. Aquele que colhe recebe desde já o salário e recolhe fruto para a vida eterna. Desse modo, aquele que semeia se alegra junto com aquele que colhe. Na verdade, é como diz o provérbio: 'Um semeia e outro colhe'. Enviei vocês para colher aquilo que vocês não trabalharam. Outros trabalharam, e vocês se valeram do trabalho deles".
>
> Muitos samaritanos daquela cidade acreditaram em Jesus por causa do testemunho que a mulher tinha dado: "Ele me disse tudo o que fiz". Os samaritanos foram ao encontro de Jesus e lhe pediram para ficar com eles. Jesus permaneceu ali dois dias.
>
> Muitas outras pessoas acreditaram em Jesus ao ouvir sua palavra. E diziam à mulher: "Já não acreditamos por causa daquilo que você disse. Agora, nós mesmos ouvimos e sabemos que este é, de fato, o Salvador do mundo".

O encontro de Jesus com a samaritana é um dos relatos mais intrigantes da Bíblia. Apenas João o registra. Nele transparece o fundamento moral da espiritualidade de Jesus, e põe-se por terra todo ranço moralista.

Como em toda sociedade patriarcal, a mulher não estranhou que, por estar só, um homem a abordasse. Era uma mulher vivida, já passara por vários casamentos. Estranho seria que aquele homem solitário ficasse indiferente à presença dela. Ela conhecia a linguagem silenciosa e insinuante, pronunciada pela atrativa alteridade sexual, que percorre a distância que separa um homem de uma mulher.

---

42. Jesus se referiu à plantação de trigo.

Jesus a interpelou. Ela estranhou que ele, sendo judeu, dirigisse a palavra a uma samaritana. Via-se pelo sotaque que era judeu. Jesus não se justificou. Mostrou, na prática, que era um judeu diferente, não alimentava preconceitos contra os habitantes da Samaria. E se tratava de um homem respeitoso, pois não abriu a boca para dizer galanteios a uma mulher solitária. Queria conversar com ela. Saber por que buscava água no poço de Jacó e àquela hora, cerca do meio-dia, quando o sol está mais quente.

A pergunta soou a ela tão absurda quanto indagar a uma mulher por que vai ao mercado fazer compras. Uma mulher previdente não espera a hora mais quente do dia para ir buscar água. Vai pela manhã, em companhia de suas amigas e vizinhas. Se aquela mulher o fazia na hora imprópria era porque, com certeza, preferia, por alguma razão, evitar olhares e comentários de outras mulheres que, possivelmente, encaravam-na como se ela fosse uma rameira devido a tantos relacionamentos.

Jesus garantiu à samaritana saber como livrá-la daquele cansativo trabalho. Conhecia um poço de água viva, que jamais seca.

Aqui o diálogo se deu em níveis diferentes: ele emitia na frequência da subjetividade e ela, na da objetividade. Jesus queria atraí-la para a causa do Reino. E o jogo implica sempre diferentes níveis de discursos que se intercalam. O da objetividade é pragmático, enquanto o da subjetividade rompe a película que nos protege e toca o cerne do ser.

Ele e ela falavam de água e de poço, mas não da mesma água e do mesmo poço. Daquele poço de 32 metros de profundidade.

Contudo, Jesus tinha uma característica muito própria: queria se revelar a ela. E, como um artista, metaforizou a realidade, ofereceu água viva que a livraria da labuta diária de ir ao poço numa hora tão imprópria, para se esquivar da censura dos olhares alheios por ser uma mulher de muitos homens.

Ela aceitou o que ele propôs e indagou onde encontrar tal poço. Aqui o diálogo atingiu o ponto mais delicado. O jogo machista da sedução se valeria da curiosidade feminina para induzi-la à armadilha. Porém, Jesus reverteu toda expectativa e sugeriu o inusitado: que fosse chamar o marido. Agora os dois discursos alcançam a mesma frequência. A película estava rompida, mas não havia ameaça, só promessa. E esta não se armava como uma tenda excludente, mas se ampliava para incluir um outro que estava ausente e, no entanto, fazia-se presente pelos vínculos que uniam a mulher a ele.

"Eu não tenho marido", disse a mulher. Ela se abriu com o desconhecido. Ele reconheceu que ela contara a verdade: "De fato, você teve cinco maridos. E o homem com quem vive agora não é seu marido. Nisso você falou a verdade". A má fama dela já havia chegado até a Galileia. Ele captou o que pressentira, como se ela dissesse: "Tenho tanta sede de amor que estou no sexto homem... até encontrar um que me satisfaça".

Um cristão legalista jamais captaria a mensagem contida nas entrelinhas da confissão da mulher, pois só escuta com os ouvidos, não sabe ouvir com o coração. Brandiria a lei, a doutrina, o moralismo, para denunciar a mulher e o seu pecado...

O moralismo consiste em apontar pecados e disseminar culpas lá onde Jesus fazia emergir a graça e derramar misericórdia. O moralista odeia quem ousa cavar poços para encontrar água. Prefere engolir a própria saliva ou morrer de sede a sujar as mãos para ver o que há no fundo da terra.

Jesus mostrou-se avesso a todo moralismo. Ouviu o que a samaritana revelava e não a acusou de prostituta ou adúltera. Nem proferiu um ortodoxo sermão sobre a fidelidade conjugal ou a estabilidade do matrimônio. Acolheu-a como mulher e samaritana. Ultrapassou também a terceira esfera do preconceito vigente: aceitou-a em sua irregular vida conjugal.

Não que ele aprovasse a rotatividade conjugal, essa dilacerante experiência de quem não descobriu o amor ou, tendo-o descoberto, não se sentiu emocionalmente preparado para assumi-lo.

Jesus sabia que por trás de casos como o dela residiam não perversas intenções promíscuas, mas dramas reais, sinceros, de pessoas sedentas, que sorvem copos mas não se sentem preparadas para mergulhar em poços. Supor que casamentos desmoronam devido à mera voracidade sexual de um dos parceiros é ceder à hermenêutica pornográfica. A reificação consumista transforma as relações pessoais em relações de troca, deteriorando os valores éticos, a densidade subjetiva e, portanto, as relações de dom. O amor passa a ser uma temeridade, e a atração física se sobrepõe à difícil e fascinante arte de tecer sentimentos e projetos.

O que interessava a Jesus não era propriamente quantos homens teve a mulher. Era se ela agia com veracidade. "Nisso você falou a verdade", retrucou ele. Ela não disfarçou sua sede. Não deixara de procurar o poço definitivo, acomodando-se nos estreitos limites da mediocridade imposta pelos preconceitos sociais. Sua sede era voraz e sua busca veraz. Após o sexto homem, o buraco no centro do coração permanecia aberto; ferida que não se fecha com objetos, riquezas, prazeres ou poder. Só o amor é capaz de cauterizá-la e transfigurá-la. E o amor é mais do que a atração que uma pessoa exerce sobre outra. É mais do que os sentimentos que uma relação desperta. Amar é deixar-se possuir *por dentro* por outra pessoa, a tal ponto que a presença do outro torna-se determinante, e passa a ser a razão de viver.

Isso a samaritana ainda não havia encontrado. E é justamente essa água viva, que se bebe do próprio poço que Jesus ofereceu-lhe.

Naquele encontro, Jesus revelou-se como o Messias pela primeira vez. E o fez não a uma santa, a um homem reconhecidamente justo ou a um piedoso religioso, mas a uma mulher samaritana de vida irregular. A alguém que não disfarçava o buraco no centro da alma nem procurava tapá-lo com derivativos.

Ele ofereceu a ela o dom de Deus. O próprio Deus. E, ao fazê-lo, promoveu uma revolução religiosa: deslocou a adoração a Deus dos lugares naturais (Monte Garizim, na Samaria) e dos lugares culturais ou cultuais (Templo de Jerusalém, sobre o Monte Moriá, na Judeia), para centrá-lo no coração humano. Agora, "os verdadeiros adoradores adorarão o Pai em espírito e verdade". Deus não era mais alguém lá em cima, no cume das montanhas, das árvores frondosas ou das estepes silenciosas. A natureza estava definitivamente dessacralizada. Era entregue para que o trabalho humano pudesse também humanizá-la, libertando-a dos extremos de querer divinizá-la ou sujeitá-la aos imperativos do lucro. Deus também não é mais prisioneiro do Santo dos Santos ou dos sacrários das Igrejas. Habita agora o coração humano.

Na resposta à samaritana, Jesus libertou Deus dos templos e das Igrejas. Deus não é propriedade privada das religiões e dos padres ou pastores. Não se esconde nos templos nem exige a inefável harmonia do canto gregoriano. Não se encontra prisioneiro de nenhum lugar cultural, nem privilegia este ou aquele espaço político. Ao dessacralizar a natureza e a cultura, Jesus exaltou o coração humano como o único lugar onde Deus realmente deve ser encontrado. É aqui, no mais íntimo do nosso coração, que Ele habita. O poço não está fora, mas dentro de nós. Basta cavar, quebrar a superfície dura que impede o transcendente de aflorar e a água viva de jorrar.

"Adorar em espírito e verdade" significa servir a Deus objetiva e subjetivamente. Essa revolução religiosa, que coloca o ser humano no centro e no eixo da revelação divina, desnuda a cultura de todo fetiche, derruba catedrais e modelos autocráticos de Igreja, confirma a insistente advertência dos profetas do Primeiro Testamento, de que Javé não deve ser procurado nas montanhas, nos carvalhos ou nos bezerros de ouro. Não se tratava de exigir dos hebreus uma abstração da imagem divina, mas de evitar a alienação religiosa centrada nos cultos que idolatravam o que era mera obra da natureza ou do trabalho humano – e, em contrapartida, realçar esse ídolo de Deus palpável, concreto, imediato, criado à Sua imagem e semelhança, e no qual Ele quer ser amado e servido: o próximo, especialmente os mais pobres.

Adorar "em espírito" significa deixar que o Espírito de Deus se faça nosso espírito. Viver a subjetividade na constante oblação amorosa. Saber-se templo vivo de Deus. De fato, estamos todos inseridos por Cristo na comunhão trinitária. Para saborear esse manancial, basta perfurar o poço escondido no peito.

Adorar "em verdade" é assumir a dimensão objetiva de nossa adesão ao projeto do Reino. Jesus não pediu que deixássemos de ser pecadores, mas que fôssemos verdadeiros, ou seja, coerentes com nossa crença e opção de vida.

Quando os discípulos retornaram das compras, viram que Jesus conversava com a mulher. Por respeito a ele, ninguém ousou perguntar de que falavam. Jesus também não deu explicações nem se justificou. Não era de seu feitio aparar arestas para maquiar a própria imagem. Acostumara-se a todo tipo de especulações a seu respeito e mesmo a difamações.

Jesus não perdia tempo em querer ficar bem com todo mundo. Preocupava-o a fidelidade ao projeto do Reino.

Ainda hoje a Igreja, tão historicamente misógina, está surpresa com o modo positivo como Jesus tratava as mulheres.

> Dois dias depois, Jesus foi para a Galileia. Ele próprio havia declarado: "Um profeta nunca é bem recebido em sua própria terra". Entretanto, ao chegar à Galileia, os galileus o receberam bem, porque viram tudo o que ele tinha feito em Jerusalém durante a festa.

As três grandes festas judaicas em Jerusalém atraíam grande número de peregrinos. Calcula-se que a cidade sagrada tinha 20 mil habitantes, e nas festas essa quantidade quintuplicava.

Os sinais feitos por Jesus impressionaram os galileus, mas nem por isso o aceitaram como Messias.

> Jesus voltou para Caná da Galileia, onde havia transformado a água em vinho. Em Cafarnaum um funcionário do rei tinha um filho doente e soube que Jesus viera da Judeia. Saiu ao encontro de Jesus e lhe pediu que fosse a Cafarnaum curar seu filho que agonizava. Jesus comentou: "Se não veem sinais e prodígios, vocês não acreditam". O funcionário do rei suplicou: "Senhor, desce, antes que meu filho morra!" Jesus disse-lhe: "Pode ir, seu filho está vivo". O homem acreditou na palavra de Jesus e foi embora.
>
> Enquanto descia para Cafarnaum, os servos desse homem foram ao seu encontro e comunicaram-lhe: "Seu filho está vivo". O funcionário perguntou a que horas o menino tinha melhorado. Eles responderam: "A febre desapareceu ontem pela uma hora da tarde". O pai percebeu que tinha sido exatamente na mesma hora em que Jesus lhe havia dito: "Seu filho está vivo". Então, ele e sua família acreditaram.
>
> Esse segundo sinal Jesus realizou ao voltar da Judeia para a Galileia.

O rei aqui citado era o Governador Herodes Antipas, que se fazia tratar por título majestático. Esse "funcionário do rei" a que João se refere talvez tenha sido Cuza, "alto funcionário de Herodes", casado com Joana, ambos mencionados por Lucas (8,3) quando registrou os nomes das mulheres participantes da comunidade de Jesus. Não fica descartada a hipótese de Joana ter se tornado discípula após a cura do filho.

“Descia para Cafarnaum” – esta cidade era situada em uma profunda depressão.

Como chamei a atenção, aqui também João volta a precisar o horário da cura: “uma hora da tarde”.

Capítulo 5

> Depois disso houve uma festa religiosa, e Jesus foi a Jerusalém. Ali, perto da Porta das Ovelhas, existe uma piscina rodeada por cinco corredores cobertos. Em hebraico a piscina chamava-se *Betesda*[43]. Muitos doentes permaneciam ali deitados: cegos, coxos e paralíticos, à espera de que a água se movesse (porque um anjo descia de vez em quando e movimentava a água da piscina. O primeiro doente que entrasse na piscina depois que a água fosse movida, ficava curado de qualquer doença)[44].
>
> Ali ficava um homem doente havia trinta e oito anos. Jesus viu o homem deitado e lhe perguntou: "Quer ficar curado?" O doente respondeu: "Senhor, não tenho ninguém que me leve à piscina quando a água se move. Ao me aproximar, outro já entrou na minha frente". Jesus disse: "Levante-se, pegue sua maca e ande". No mesmo instante, o homem ficou curado, pegou sua maca e começou a andar.

A festa a que João se refere era, talvez, Pentecostes, celebrada 50 dias depois da Páscoa.

Betesda significa "casa da misericórdia" ou, segundo Brown, "casa de natação"[45]. Era um tanque ou reservatório de água do

---

43. A piscina foi localizada por arqueólogos recentemente, próxima à Igreja de Santa Ana, construída no tempo das Cruzadas.

44. Esta observação que, supostamente, João teria colocado entre parêntesis, não consta de manuscritos confiáveis que datam dos séculos II e IV. É possível que tenha sido introduzida por um escriba piedoso interessado em atribuir a Deus o poder terapêutico da água. Os textos mais antigos dizem apenas que a água borbulhava – possivelmente uma fonte de água sulfurosa.

45. BROWN, R.E. *Evangelho de João e Epístolas*, p. 55.

Templo, ladeado por quatro pórticos e um quinto que atravessava a piscina. A água tinha efeito terapêutico, como a das estâncias de águas minerais de Minas Gerais, e a crença popular atribuía a um anjo o seu movimento.

João, detalhista, registra que ficava ali "um homem doente havia trinta e oito anos". Como em toda a Bíblia, aqui também os números têm caráter simbólico: 38 anos foi o tempo que os hebreus, libertados do Egito, caminharam pelo deserto até invadirem e expulsarem os povos que habitavam os territórios há décadas, alvos de conflitos entre israelenses e palestinos, como ainda hoje[46].

> Por isso, as autoridades judaicas disseram ao homem que havia sido curado: "Hoje é sábado. A lei não permite que carregue a maca". Ele respondeu: "Aquele homem que me curou disse: 'Pegue sua maca e ande'". Então, as autoridades lhe perguntaram: "Quem disse a você para pegar a maca e andar?" O homem não sabia quem era, porque Jesus tinha desaparecido no meio das pessoas aglomeradas naquele lugar.
>
> Mais tarde, Jesus encontrou aquele homem no Templo e lhe disse: "Você ficou curado. Não peque de novo, para que não lhe aconteça alguma coisa pior".
>
> O homem saiu e disse às autoridades que tinha sido Jesus quem o havia curado. As autoridades começaram a perseguir Jesus, porque ele havia curado no sábado. Jesus lhes disse: "Meu Pai continua trabalhando até agora e eu também trabalho".
>
> As autoridades tinham mais vontade ainda de assassinar Jesus, porque, além de violar a lei do sábado, chegava a dizer que Javé era seu Pai, fazendo-se assim igual a Deus.

O sábado é o dia mais sagrado para os judeus e significa, em hebraico, "descanso". A Torá proíbe estritamente o trabalho nesse

46. Cf. na Bíblia o *Livro de Josué*.

dia, inclusive carregar peso (*Êxodo* 31,13-16), como a maca. Para Jesus, entretanto, libertar alguém da doença, salvar vidas, era mais importante do que guardar o sábado. Os direitos humanos estão acima de todas as leis que, de algum modo, os ameaçam. Mas, além de violar a lei religiosa para salvar uma vida humana, Jesus acirrou a ira dos poderosos ao tratar Deus como seu Pai e, o mais grave, ao se comparar a Deus.

"Meu Pai continua trabalhando até agora e eu também trabalho." Embora Deus tivesse descansado no sábado, como informa o relato da Criação no *Gênesis* (2,2), prosseguia seu trabalho de sustentar providencialmente o Universo e recompensar o bem e castigar o mal, conforme admite a teologia judaica.

> Então Jesus disse às autoridades: "Garanto a vocês: o Filho não faz nada por sua própria conta; faz apenas o que vê o Pai fazer. O que o Pai faz, o Filho também faz. O Pai ama o Filho e lhe mostra tudo o que Ele mesmo faz. E lhe mostrará obras ainda maiores, que deixarão vocês admirados. Assim como o Pai ressuscita os mortos e lhes dá a vida, o Filho também dá a vida a quem ele quer. O Pai não julga ninguém. Ele deu ao Filho todo o poder de julgar, para que todos honrem o Filho, da mesma forma que honram o Pai. Quem não honra o Filho, também não honra o Pai que o enviou".

Eis uma linguagem dura aos ouvidos das autoridades de Jerusalém. Quase sugere que Jesus não era verdadeiramente homem nem tinha as limitações que temos. Diferia de nós apenas por não ter pecado, pois amava assim como só Deus ama.

A teologia de João beira o docetismo, heresia condenada pela Igreja por defender que, de humano, Jesus tinha apenas a aparência.

> "Garanto a vocês: quem ouve a minha palavra e acredita Naquele que me enviou, terá vida eterna. Não será condenado, porque já passou da morte para a vida. Está chegando a hora, ou melhor, já

> chegou, em que os mortos ouvirão a voz do Filho de Deus: aqueles que ouvirem sua voz terão a vida. Porque assim como o Pai possui a vida em Si mesmo, do mesmo modo Ele concedeu ao Filho a vida em si mesmo. Além disso, Ele deu ao Filho o poder de julgar, porque é Filho do Homem. Não fiquem admirados com isso, porque chegará a hora em que todos os mortos ouvirão a voz do Filho e sairão dos túmulos: aqueles que fizeram o bem vão ressuscitar para a vida; os que praticaram o mal vão ressuscitar para a condenação.
>
> Não posso fazer nada por mim mesmo. Julgo conforme o que escuto, e o meu julgamento é justo, porque não procuro fazer a minha vontade, e sim a vontade Daquele que me enviou."

João reafirma a natureza divina do Filho e sua comunhão com o Pai. E expressa a concepção apocalíptica de que o Juízo Final ocorreria em breve.

> "Se dou testemunho de mim mesmo, meu testemunho não vale. Mas há Outro que dá testemunho de mim, e sei que o testemunho que Ele dá de mim é válido.
>
> Vocês mandaram mensageiros a João, e ele deu testemunho da verdade. Eu não preciso de testemunho de um homem, mas falo isso para que vocês sejam salvos. João era uma lâmpada acesa e iluminava. Vocês quiseram se alegrar com sua luz. Mas tenho um testemunho maior que o de João: são as obras que o Pai me concedeu realizar. As obras que faço dão testemunho de mim, mostram que o Pai me enviou. E o Pai que me enviou deu testemunho a meu favor. Vocês nunca ouviram a voz Dele, nem viram a Sua face. Desse modo, a palavra Dele não permanece em vocês, porque não acreditam naquele que Ele enviou.
>
> Vocês estudam sempre as Escrituras, pensam que vão encontrar nelas vida eterna. No entanto, as Es-

> crituras dão testemunho de mim. Mas vocês não querem vir a mim para terem vida. Não aceito elogios dos homens. Quanto a vocês, já os conheço muito bem: o amor de Deus não está dentro de vocês. Vim em nome do meu Pai, e vocês não me receberam. Mas se outro vem em seu próprio nome, vocês o receberão. Como poderão acreditar se vivem elogiando uns aos outros e não buscam a glória que vem do Deus único?
>
> Não pensem que acusarei vocês diante do Pai. Já existe alguém que os acusa: é Moisés, no qual vocês põem sua esperança. Se vocês acreditassem mesmo em Moisés, também acreditariam em mim, porque foi a respeito de mim que Moisés escreveu. Mas se não acreditam naquilo que ele escreveu, como irão acreditar nas minhas palavras?"

Jesus fez uma forte crítica às autoridades de Israel. Após dizer que descartava "elogios dos homens" – e como tantos de nós mendigamos elogios! –, acusou-as de ímpias e vaidosas. E denunciou a contradição entre elas e Moisés, que as autoridades tanto veneravam.

São quatro os testemunhos de que Jesus é o Enviado do Pai: João Batista; suas obras (sinais ou milagres); as Escrituras; o próprio Deus.

Capítulo 6

Depois disso, Jesus foi para a outra margem do Mar da Galileia, também chamado Lago de Tiberíades. Grande multidão o seguia, porque as pessoas viram os sinais que fazia ao curar doentes.

Jesus subiu a montanha e sentou-se ali com seus discípulos. Estava próxima a Páscoa, festa dos judeus. Ergueu os olhos e viu a grande multidão que vinha ao seu encontro.

Perguntou a Filipe: "Onde vamos comprar pão para eles comerem?" Falou assim para testá-lo, pois sabia muito bem o que faria. Filipe respondeu: "Nem meio ano de salário bastaria para dar um pedaço para cada um".

Um discípulo de Jesus, André, irmão de Simão Pedro, informou: "Há aqui um rapaz que tem cinco pães de cevada e dois peixes. Mas o que é isso para tanta gente?"

Jesus ordenou: "Digam ao povo para se sentar". Encontravam-se ali mais ou menos cinco mil pessoas.

Jesus pegou os pães, agradeceu a Deus e distribuiu aos que estavam sentados. Fez a mesma coisa com os peixes. E todos comeram até saciarem o apetite.

Ao ficarem satisfeitos, Jesus orientou os discípulos: "Recolham os pedaços que sobraram, para não se desperdiçar nada". Eles encheram doze cestos com as sobras dos cinco pães e peixes.

As pessoas, ao verem o gesto que Jesus havia realizado, admitiram: "Este é mesmo o Profeta que devia vir ao mundo". Mas Jesus percebeu que pretendiam aclamá-lo como rei e retirou-se sozinho para a montanha.

A partilha dos pães e dos peixes é o único "milagre" de Jesus narrado pelos quatro evangelistas. E o mais importante de todos, pois traduz um dos dois pilares fundamentais do projeto do Reino de Deus: a partilha dos bens!

O episódio aparece duas vezes em Marcos (6,31-44; 8,1-10); duas em Mateus (14,13-21; 15,32-38); e uma em Lucas (9,10-17) e João. Isso reforça a tese de que, nas comunidades cristãs primitivas, a socialização dos frutos da natureza e do trabalho humano, simbolizada pela celebração da eucaristia, era prioridade.

João diz que foram ao "Mar da Galileia, também chamado Lago de Tiberíades". Essa cidade era a capital da Galileia, onde morava o Governador Herodes Antipas. Dali se tinha uma bela vista do lago, citado nos evangelhos por vários nomes, inclusive Lago de Genesaré. Nele mergulhei para me "rebatizar", em 1997.

Muitos pregadores cristãos proclamam palavras de vida eterna e se calam diante das necessidades de sobrevivência das pessoas. Alegam que a Igreja nada tem a ver com as carências do povo e os problemas sociais. Dizem que isso é problema do Estado ou do governo. Assim, muitos cristãos cruzam os braços diante de multidões sem teto, sem terra e sem trabalho.

Jesus ressaltou com seu gesto que a fome do povo também é problema que a Igreja e os cristãos devem enfrentar e para o qual devem buscar soluções. Não bastam projetos técnicos e planos econômicos para assegurar alimentos a todos. É fundamental pressionar os governos para que os direitos mais elementares da população – alimentação, saúde, educação e moradia – sejam prioridades no orçamento e na administração. Também é importante reforçar e valorizar os movimentos populares que se mobilizam para amenizar as dificuldades enfrentadas pelos marginalizados e excluídos, como é o caso das Cozinhas Comunitárias, mantidas pelo Movimento dos Trabalhadores Sem-Teto (MTST), e dos assentamentos do Movimento dos Trabalhadores Rurais Sem Terra (MST) em vários municípios brasileiros.

Jesus quis testar Filipe ao sugerir comprar pães para tanta gente. A lógica do Reino (partilha) diferia da lógica economicista dos discípulos (compra). Jesus não queria saber quanto dinheiro eles tinham. O raciocínio deles era o mesmo que ainda hoje encontramos com frequência – "Tenho pena dos pobres. Se eu fosse rico ou ganhasse na loteria, procuraria ajudá-los" –, como se a pobreza no mundo resultasse da falta de dinheiro, e não de justiça e partilha. O Brasil, por exemplo, pode não ter dinheiro, mas tem bens, é um dos quatro maiores produtores de alimentos do mundo, o primeiro em produção de soja, carne e frutas e, no entanto, aqui há famílias que passam fome e crianças desnutridas.

André informou que havia ali um rapaz com cinco pães de cevada e dois peixes. Ora, 5 pães + 2 peixes = 7. Se escrevo 8, todos sabem que se trata de oito unidades. Se escrevo ∞ (o 8 deitado), muitos sabem que não se trata de má caligrafia, e sim do símbolo de infinito. Ora, assim como o 8 deitado significa infinito, na Bíblia o 7 significa muitos, o que não se pode contar. Na primeira página do *Gênesis* (2,2), consta que Javé criou o mundo em sete dias. Isso quer dizer que a Criação se deu num longo processo evolutivo, como a ciência constata.

O mesmo *Gênesis* (41,1-7) narra que o faraó do Egito sonhou ver sete vacas gordas e sete magras, e sete espigas de trigo bonitas e sete mirradas, simbolizando que, após um período de fartura, viria outro de seca e penúria. No *Evangelho de Mateus* (18,22), Jesus afirma que os nossos pecados serão perdoados não apenas sete vezes, "mas até setenta vezes sete", para expressar a misericórdia infinita de Deus.

Em suma, havia ali – onde se encontravam Jesus e os discípulos com a multidão (cinco mil pessoas, informa João) – muitos pães e muitos peixes. Isso parece óbvio. Se, hoje, uma multidão se reunir na praça principal da cidade, imediatamente surgem vendedores ambulantes com as mais variadas ofertas: cachorro-quente, pastel, empada, doce, refrigerante etc. O mesmo provavelmente ocorreu na ocasião. A diferença é que não havia carrinhos para transportar pães e peixes. Foram levados em cestos.

A pedagogia de Jesus com certeza inspirou o educador Paulo Freire, que era cristão e adepto da Teologia da Libertação. Para que o povo solucionasse o problema da fome, Jesus recusou a ideia de comprar alimentos e sugeriu que todos se organizassem para partilhar. Sem organização não há mobilização. E sem mobilização os problemas não encontram solução.

Ao fim "encheram doze cestos com as sobras dos cinco pães que haviam comido". Ora, se no fim os alimentos que sobraram encheram doze cestos, isso prova que havia ali muito mais pães e peixes a serem vendidos à multidão.

Alguém poderia objetar que nego o milagre da multiplicação dos pães e dos peixes. Notem que, em nenhum momento aparece, no relato de João, a palavra "multiplicação". Isso aparece em intertítulos de algumas edições do Novo Testamento. E intertítulos não fazem parte dos textos dos evangelhos. São acréscimos feitos pelos editores para facilitar a leitura.

Não houve mágica, e sim milagre. Milagre é o poder divino de alterar o rumo natural das coisas. Esse poder age sobretudo no coração humano. Portanto, houve, sim, milagre[47]. Jesus induziu os vendedores ambulantes a partilharem seus bens, os pães e os peixes.

Como os autores dos evangelhos conduziram suas narrativas de olho no espelho retrovisor, de modo a relacionar a atividade de Jesus com fatos precedentes contidos no Primeiro Testamento,

---

47. "O único 'milagre' aí é o triunfo da economia de partilha dentro de uma comunidade de consumo" (MYERS, C. *O Evangelho de São Marcos*. São Paulo, Paulinas: 1992, p. 255).

esse episódio da partilha de pães e peixes, narrado pelos quatro evangelistas, encontra paralelo no *Segundo Livro dos Reis* (4,42-44), quando o profeta Eliseu motivou 100 pessoas a partilhar 20 pães, e ainda sobrou.

Vale observar que todos os milagres de Jesus foram de revitalização de algo preexistente: a menina ressuscita; o mudo volta a falar; o cego passa a enxergar. Não há nenhum milagre de acréscimo como, por exemplo, encontrar um homem que não tinha um braço e fazer o "milagre" para recuperar o membro.

A única partilha de pães citada no Primeiro Testamento foi feita pelo profeta Eliseu (*2Reis* 4,42-44) e, ali também, os pães eram de cevada.

> Ao cair da tarde, os discípulos de Jesus foram ao Lago de Genesaré. Entraram na barca e remaram em direção a Cafarnaum, do outro lado. Já era noite, e Jesus ainda não tinha ido ao encontro deles. Soprava vento forte e a água estava agitada. Os discípulos tinham remado mais ou menos cinco ou seis quilômetros, quando viram Jesus andando sobre as águas[48] e se aproximando da barca. Ficaram com medo, mas Jesus tranquilizou-os: "*Sou eu*. Não tenham medo". Eles quiseram recolher Jesus na barca, mas logo a barca chegou à margem para onde se dirigiam.

João nos informa que os discípulos foram em direção a Cafarnaum, já era noite e Jesus ainda não havia se juntado a eles.

Jesus adotara Cafarnaum, onde Pedro morava com a família, como sua cidade. Na tradição cristã, a barca é associada à Igreja. Apesar dos ventos fortes que sopram sobre ela ao longo da histó-

---

48. "Uma interpretação que 'racionaliza' o episódio traduz as palavras 'caminhando sobre o mar' por 'caminhando à beira-mar', tradução gramaticalmente possível; então os discípulos, tendo percebido Jesus na bruma, teriam ficado com medo, mas estavam tão próximos da margem que logo aportaram" (JAUBERT, A. *Op. cit.*, p. 63).

ria devemos confiar em Jesus e nada temer. O contrário do medo não é a coragem, é a fé.

"Sou eu" é a mesma expressão que Jesus utilizou para se revelar à samaritana do poço de Jacó (*João* 4,26), e também é usada por Deus ao se revelar a Moisés no Monte Sinai (*Êxodo* 3,14). Acredita-se que esse relato evoca a passagem dos hebreus pelo Mar Vermelho (*Êxodo* 14).

> No dia seguinte, o povo que ficara do outro lado do lago viu ali apenas uma barca. Notou também que Jesus não havia subido nela com os discípulos, e eles tinham partido sozinhos. Então chegaram outras barcas de Tiberíades, perto do lugar onde haviam partilhado o pão depois que o Senhor agradeceu a Deus. Quando a multidão viu que nem Jesus nem os discípulos estavam ali, as pessoas subiram nas barcas para procurar Jesus em Cafarnaum.
>
> Ao encontrarem Jesus no outro lado do lago, perguntaram: "*Rabi*, quando chegou aqui?" Jesus respondeu: "Garanto que vocês me procuram não porque viram sinais, mas porque comeram os pães e ficaram satisfeitos. Não trabalhem pelo alimento que se estraga; trabalhem pelo alimento que dura para a vida eterna. É este alimento que o Filho do Homem dará a vocês, porque foi ele quem Deus Pai marcou com Seu selo".

Havia muita fome na Palestina em decorrência das estruturas injustas, como o latifúndio, e dos pesados impostos cobrados pelo interventor romano e pelas autoridades religiosas. Por isso, a partilha dos pães e dos peixes, monitorada por Jesus, tanto mobilizou o povo.

O ser humano se alimenta de bens materiais, como pães, e de bens simbólicos, como o sentido que imprime à sua existência. Na proposta de Jesus, o segundo alimento deve preponderar.

> Então, perguntaram: "O que devemos fazer para realizar as obras de Deus?" Jesus respondeu: "A obra de Deus é acreditarem naquele que Ele enviou". Insistiram: "Qual é o sinal para que possamos ver e acreditar no senhor? Qual é a sua obra? Nossos pais comeram o maná no deserto, como diz a Escritura: 'Ele lhes deu um pão que veio do céu'". Jesus retrucou: "Posso assegurar: Moisés não deu a vocês o pão que veio do céu. O meu Pai dá o verdadeiro pão que vem do céu, porque o pão de Deus é aquele que desce do céu e dá vida ao mundo". Então pediram: "Senhor, dá-nos sempre desse pão".

Havia no povo uma motivação interesseira, como é comum. Jesus associou Deus ao pão no sentido amplo. Dizia o escritor cubano Onelio Cardoso que o ser humano padece duas grandes fomes: a de pão, que é saciável, e a de beleza, que é infindável. Deus é aquele que supre as duas: ao assumir o projeto do Reino erradicamos as causas da miséria e da pobreza; ao nos abrirmos à presença de Deus e aos valores evangélicos saciamos a fome de beleza – a vida plena de sentido é o que imprime felicidade à existência.

O pão é símbolo dos alimentos. Jesus se compara ao pão, que nutre a vida. E em quase todas as culturas come-se pão todos os dias, seja feito de trigo, cevada, mandioca, milho ou outro cereal. Não seria o pão, sinal de vida, um signo mais apropriado para caracterizar o cristianismo do que a cruz, signo de morte?

> Jesus disse: "*Eu sou* o pão da vida[49]. Quem vem a mim não terá mais fome, e quem acredita em mim

---

49. "Eu Sou" ou "Sou Eu" é a expressão que Javé utilizou para se revelar a Moisés (*Êxodo* 3,14). É, por excelência, a identidade de Deus revelada por Jesus. "Esta fórmula não é apenas uma apresentação de si mesmo, mas está ligada a um tipo de apresentação religiosa muito em voga na Antiguidade, na qual uma divindade se dava a conhecer aos seus adoradores, revelando, ao mesmo tempo, a sua importância. Principalmente no Antigo Testamento

> nunca mais terá sede. Repito: vocês me viram e não acreditaram. Todos aqueles que o Pai me dá virão a mim. E nunca rejeitarei aquele que vem a mim, pois desci do céu não para fazer a minha vontade, e sim a Daquele que me enviou. E a vontade Daquele que me enviou é esta: que eu não perca nenhum daqueles que Ele me deu, mas que os ressuscite no último dia. Esta é a vontade do meu Pai: que todo homem que vê o Filho e nele acredita tenha vida eterna, e eu o ressuscitarei no último dia".

O pão e a água são símbolos de vida. Dispor do "pão nosso de cada dia" é ter assegurada as condições para uma vida digna e feliz. Jesus resumiu a proposta do Reino nesses dois alimentos essenciais à nossa existência: pão e água, saciar a nossa fome e a nossa sede. Essa é a concretude que configura a nova sociedade de justiça e paz.

> As autoridades religiosas começaram a criticar Jesus por ter dito: "Sou o pão que desceu do céu". E comentavam: "Esse Jesus não é o filho de José? Nós conhecemos o pai e a mãe dele. Como diz que desceu do céu?"
>
> Jesus reagiu: "Parem de criticar. Ninguém pode vir a mim se o Pai, que me enviou, não o atrai, e eu o ressuscitarei no último dia. Está escrito nos Profetas: 'Todos os homens serão instruídos por Deus'. Todo aquele que escuta o Pai e recebe Sua instrução vem a mim. Não que alguém já tenha visto o Pai. O único que viu o Pai é aquele que vem de Deus. Garanto a vocês: quem acredita possui vida eterna. Sou o pão da vida. Os pais de vocês comeram o maná no deserto e, no entanto, morreram. Eis aqui o pão que desceu do céu: quem dele comer nunca morrerá".

---

encontramos nesse tipo de construção manifestações pessoais de Javé, como o célebre 'Eu sou quem eu sou' (*Êxodo* 3,14)" (BLANK, J. *Op. cit.*, p. 86).

A linguagem enigmática e incisiva de Jesus perturbou as autoridades religiosas. Como um rapaz nascido em Nazaré, filho de um artesão chamado José, que muitos ali conheciam, ousava dizer que havia saído de Deus, que era o pão da vida e quem o comesse jamais morreria?

Comer ou alimentar-se de Jesus significa abraçar os valores que nortearam a vida dele: a primazia do dom da vida, a opção pelos oprimidos, o projeto de libertação, o amor ao próximo, a partilha dos bens da natureza e dos resultados do trabalho humano.

No contexto da comunidade joanina, na virada do século I ao II, quando cristãos eram duramente perseguidos e assassinados, a afirmação "Eis aqui o pão que desceu do céu: quem dele comer nunca morrerá" soa como um horizonte de esperança, de certeza de que morrer era ingressar na vida eterna.

> E Jesus continuou: "*Eu sou* o pão vivo que desceu do céu. Quem come deste pão viverá para sempre. E o pão que darei é a minha própria carne, para que o mundo tenha vida".
>
> As autoridades começaram a discutir entre si: "Como pode esse homem dar-nos a sua carne para comer?" Jesus respondeu: "Garanto a vocês: se não comem a carne do Filho do Homem e não bebem o seu sangue, não terão vida em vocês. Quem come a minha carne e bebe o meu sangue tem vida eterna, e eu o ressuscitarei no último dia. Porque a minha carne é verdadeira comida e o meu sangue é verdadeira bebida. Quem come a minha carne e bebe o meu sangue vive em mim e eu vivo nele. E como o Pai que vive me enviou, e eu vivo pelo Pai, aquele que me receber como alimento viverá por mim. Este é o pão que desceu do céu. Não é como o pão que os pais de vocês comeram e depois morreram. Quem come deste pão viverá para sempre".
>
> Jesus disse essas coisas ao ensinar na sinagoga de Cafarnaum.

João possui um estilo literário pujante, arrojado e, ao mesmo tempo, emblemático. Ele desafia a inteligência do leitor. Transforma um fato político – o assassinato de Jesus pelos poderes políticos que dominavam a Palestina – em enigmática poesia teológica. Pela manifestação do projeto libertador do Reino de Deus, Jesus entregou sua vida, seu corpo e seu sangue, e os transubstanciou em pão e vinho, comida e bebida, em comunhão holística com o Pai e a natureza. O esplendor do gesto descortina horizontes e rompe limites – a vida eterna!

Este é um texto que visava estimular a eucaristia nas comunidades cristãs primitivas.

> Após ouvirem essas afirmações, muitos discípulos disseram: "Esse modo de falar é duro demais. Quem pode continuar a ouvir isso?"
>
> Jesus sabia que seus discípulos criticavam o que ele havia dito. E lhes perguntou: "Isso escandaliza vocês? Imaginem então se virem o Filho do Homem subir para o lugar onde estava antes! O Espírito é que dá a vida, a carne não serve para nada. As palavras que eu disse a vocês são espírito e vida. Mas entre vocês há alguns que não acreditam".
>
> Jesus sabia desde o começo quais não acreditavam e quem seria o traidor. E acrescentou: "Por isso eu disse: 'Ninguém pode vir a mim se isso não lhe é concedido pelo Pai'".

Jesus era pedagogo. Não subestimava a inteligência alheia, nem evitava falar a verdade, por mais dura que soasse. Como nada tinha de ingênuo, sabia muito bem quem, entre seus discípulos, apreendia o caráter transcendente de sua mensagem e quem abraçava o descrédito, intrigado frente à proposta de uma espiritualidade holística enraizada na subjetividade, fundada no amor, e não no legalismo dos fariseus.

> A partir daquele momento muitos discípulos deixaram de acompanhar Jesus, que questionou os Doze: "Vocês também querem ir embora?" Simão Pedro indagou: "A quem devemos seguir? O Senhor tem palavras de vida eterna. Agora acreditamos e sabemos que é o Santo de Deus". Jesus disse-lhes: "Não são vocês os Doze que escolhi? Apesar disso, um de vocês é um diabo". Jesus se referia a Judas, filho de Simão Iscariotes, que iria traí-lo.

"O cognome Iscariotes é explicado de duas maneiras: a) como 'homem de Keriot', um lugarejo que deveria ser procurado no sul da Judeia, ao sul de Hebron, e seria a cidade natal deste *Jehuda-ish-keriot*. b) Uma outra interpretação é que Iscariotes deriva de *sikarios*. Sicários, segundo Flávio Josefo, são os integrantes de um grupo de terroristas que lutavam pela liberdade dos judeus"[50].

Como ocorre em todo grupo ou comunidade há os que aderem com uma expectativa que não corresponde ao que é proposto. Mestre hábil, Jesus respeitava a plena liberdade de seus discípulos. Deixava que tirassem suas conclusões e fizessem suas opções.

Ao escrever seu relato evangélico, João estava ciente do que ocorrera há décadas, quando Judas Iscariotes já havia traído o Mestre.

---

50. BLANK, J. *Op. cit.*, p. 57.

Capítulo 7

Jesus percorria a Galileia e evitava entrar na Judeia, porque queriam assassiná-lo. Entretanto, a festa judaica das Tendas se aproximava. Os irmãos de Jesus lhe sugeriram: "Saia daqui e vá para a Judeia, para que também seus discípulos possam ver as obras que faz. Quem quer ser conhecido não faz nada às escondidas. Se faz essas obras, mostre-se ao mundo". Na verdade, nem mesmo os irmãos de Jesus acreditavam nele.

Jesus retrucou: "O momento certo ainda não chegou para mim. Para vocês, qualquer momento é bom. O mundo não tem motivo para odiar vocês. Mas me odeia, porque dou testemunho de que suas ações são más. Vão vocês para a festa. Não irei a essa festa, porque o momento certo ainda não chegou para mim".

Jesus disse isso e permaneceu na Galileia.

Depois que seus irmãos foram para a festa, Jesus também foi; não publicamente, mas às escondidas.

A festa das Tendas, celebrada no outono, comemora a travessia dos hebreus pelo deserto após se libertarem da escravidão no Egito (*Êxodo* 23,16-17). No tempo de Jesus, peregrinos de toda a orla do Mediterrâneo acorriam a Jerusalém e ali armavam barracas e tendas para, durante oito dias, celebrar o evento.

João chama a atenção para o risco de Jesus ir à festa, pois já se armava uma conspiração para assassiná-lo desde que havia curado o homem à beira da piscina de Betesda (*João* 5,18). Jesus, por saber disso, adiou a decisão de participar. No entanto, os irmãos dele, que não acreditavam na proposta do Reino de Deus, como frisa João, incentivaram-no a entrar na toca do leão... Jesus deu a entender que não iria por razões de segurança. Mas, depois que seus irmãos foram, decidiu ir clandestinamente. Enquanto os familiares de Jesus queriam que se exibisse em público, ele optou pela discrição.

> As autoridades procuravam Jesus durante a festa: "Onde está ele?" Todos falavam de Jesus, mas em voz baixa. Uns opinavam: "É uma boa pessoa". Outros, porém, diziam: "De jeito nenhum. É um homem que engana o povo". Mas em público ninguém falava nada a respeito de Jesus, com medo das autoridades judaicas.

João fez parte da comunidade de Jesus e, portanto, conhecia muito bem os desafios que o Mestre enfrentou. Embora Jesus tivesse entrado em Jerusalém discretamente, logo se espalhou a notícia de que ele andava por lá. Em torno dele as opiniões se dividiam, como ainda hoje ocorre a todos que assumem os valores libertadores do Reino, ainda que não tenham fé.

> Quando a festa já estava pelo meio, Jesus foi ao Templo e passou a ensinar. As autoridades, admiradas, comentavam: "Como esse homem tem tanta instrução se nunca estudou?" Jesus retrucou: "Minha doutrina não vem de mim, mas Daquele que me enviou. Se alguém está disposto a fazer a vontade de Deus, saberá se minha doutrina vem de Deus ou se falo por mim mesmo. Quem fala por si mesmo busca o próprio prestígio. Mas quem busca o prestígio Daquele que o enviou é verdadeiro, e nele não há falsidade. Não foi Moisés quem deu a Lei a vocês? No entanto, nenhum de vocês obedece a Lei. Por que querem me eliminar?"

No átrio do Templo se revezavam aqueles que tinham alguma proposta ou mensagem a anunciar. Jesus, apesar dos riscos, decidiu falar em público, pois considerava sua causa superior à sua vida.

Como provinha de Nazaré, aldeia considerada insignificante, e não tinha cursado nenhuma escola onde se formavam doutores da Lei, Jesus foi desprezado pelas autoridades. No entanto, surpreendeu-os sua cultura.

Ainda hoje me deparo com situações semelhantes: pessoas de formação acadêmica espantadas com a sabedoria e os conhecimentos de líderes de movimentos populares! A postura elitista as impede de reconhecer que não se pode confundir saber com escolaridade, nem admitir que, de fato, não há uma pessoa mais culta do que outra. O que há são culturas distintas e socialmente complementares. Quem depende mais da cultura do outro: o astrofísico ignorante em culinária ou sua cozinheira analfabeta que prepara pratos requintados?

> Muitas pessoas reagiram: "Você enlouqueceu! Quem quer matá-lo?" Jesus respondeu: "Fiz só uma coisa, e todos vocês ficaram admirados. Moisés mandou fazer a circuncisão (na verdade, foram os patriarcas) e, no entanto, vocês a fazem em dia de sábado. Assim, uma pessoa pode receber a circuncisão em dia de sábado sem violar a Lei de Moisés. Então, por que ficam irritados comigo? Por que curei um homem no sábado? Não julguem pelas aparências, mas conforme a verdade".

Os que tramam contra o bem e a verdade odeiam ser desmascarados. E se defendem taxando de loucos e mentirosos quem os denuncia!

Curioso o parêntesis que João inclui para corrigir uma imprecisão de Jesus ao atribuir a Moisés a origem da circuncisão, quando de fato foi introduzida pelos patriarcas (*Gênesis* 17,10). Isso comprova o quanto Jesus era igual a nós, inclusive nas limitações culturais, passível de se equivocar em suas citações bíblicas.

> Algumas pessoas de Jerusalém comentavam: "Não é este que procuram para matar? Ele está aqui falando em público, e ninguém diz nada! Será que até as autoridades reconheceram que ele é o Messias? Entretanto, sabemos de onde vem esse Jesus, mas, quando chegar o Messias, ninguém saberá de onde ele vem".

A notícia da conspiração contra Jesus já havia se espalhado entre o povo. Por isso o estranhamento de que, ameaçado de morte, ele ainda ousasse falar em público e as autoridades nada dissessem. De fato, os poderosos sabiam que Jesus tinha prestígio popular e queriam evitar se desgastarem.

> Jesus ensinava no Templo. "Será que, de fato, vocês me conhecem e sabem de onde sou? Não vim por mim mesmo. Quem me enviou é verdadeiro, e vocês não O conhecem. Mas eu O conheço, porque venho de junto Dele, e foi Ele quem me enviou."

João resgata o discurso de Jesus no Templo para acentuar a íntima relação entre o Pai e o Filho.

> Tentaram prender Jesus. Mas ninguém pôs as mãos nele, porque a hora dele ainda não havia chegado. Muitas pessoas do povo acreditaram nele e diziam: "Quando o Messias vier, será que fará mais sinais do que este fez?"

Jesus conquistava adeptos e muitos se perguntavam se o Messias esperado faria o que ele fazia.

> Os fariseus escutaram o que o povo cochichava sobre Jesus. Os chefes dos sacerdotes e fariseus mandaram guardas prendê-lo. Jesus disse: "Ainda ficarei um pouco mais de tempo com vocês. Vocês me procurarão, mas não me encontrarão, porque não podem ir para onde vou".
>
> Os judeus comentavam: "Para onde ele quer ir, de modo que não possamos encontrá-lo? Será que

> vai encontrar aqueles que estão espalhados entre os gregos? Será que ensinará aos gregos? O que significa isso que falou: 'Vocês vão me procurar, mas não me encontrarão'; e, também, 'não podem ir para onde eu vou'?"

João teologiza seu relato e reproduz a linguagem enigmática de Jesus, aclarada somente após a ressurreição. A Palestina estava sob dominação romana, mas a herança dos tempos de dominação da Grécia (de 322 a 198 a.C.) ainda se fazia presente. E muitos judeus viviam fora de Israel, habitando cidades e vilas de predominância grega.

> No último dia da festa, o mais solene, Jesus ficou de pé e exclamou: "Se alguém tem sede, venha a mim, e aquele que acredita em mim, beba. Como diz a Escritura: 'Do seu seio jorrarão rios de água viva'"[51].
>
> Jesus disse isso ao se referir ao Espírito que deveriam receber os que acreditassem nele. De fato, ainda não havia Espírito, porque Jesus não tinha sido glorificado.

"Segundo o profeta Zacarias, numa festa dos Tabernáculos chegaria o Messias, e uma água purificadora renovaria os corações e a cidade. Por isso, todas as manhãs da festa o povo e o clero iam até a piscina de Siloé buscar a água que era versada no altar dos sacrifícios. Esse momento é aproveitado pelo Mestre para se anunciar, bem como a sua missão. No último dia, o principal da festa, Jesus, de pé, recordou-lhes que era o tempo ainda de encontrá-lo, pois logo mais o procurariam em vão. E clamava em alta voz, aproveitando a presença da multidão que, festivamente, levava a água ao Templo: 'Se alguém tiver sede, venha a mim e beba'"[52].

---

51. *Zacarias* 14,8; *Isaías* 58,11.

52. ODORÍSSIO, M. *Op. cit.*, p. 87.

> Ao ouvir essas palavras alguns diziam no meio da multidão: "De fato, este homem é mesmo o Profeta!" Outros asseguravam: "Ele é o Messias". Outros ainda afirmavam: "Mas o Messias virá da Galileia? A Escritura não diz que o Messias será da descendência de Davi e virá de Belém, povoado de onde procedia Davi?"
>
> Houve uma divisão no meio do povo por causa de Jesus. Alguns queriam prendê-lo, mas ninguém pôs as mãos em cima dele.

Jesus sempre suscitava polêmica, como todos os libertadores – inclusive pelo fato de as Escrituras preconizarem que o Messias nasceria em Belém (*Miqueias* 5,2) e muitos saberem que ele procedia de Nazaré, na Galileia, lugarejo considerado insignificante na história do povo hebreu.

> Os guardas do Templo foram ao encontro dos chefes dos sacerdotes e dos fariseus. Estes perguntaram: "Por que não trouxeram Jesus?" Os guardas responderam: "Ninguém jamais falou como esse homem". Os fariseus insistiram: "Será que ele enganou vocês também? Já viram um só dos nossos chefes ou fariseu que acreditasse nele? Esse povinho, que não conhece a Lei, é maldito".

Jesus impressionava até seus algozes. Esse diálogo demonstra como o Nazareno gozava de prestígio popular. E as autoridades atribuíam isso à ignorância do povo, considerado "maldito" por elas.

> Porém, Nicodemos, um dos fariseus, aquele que tinha ido se encontrar com Jesus, disse: "Será que a nossa Lei julga alguém antes de ouvi-lo e saber o que faz?" Eles responderam: "Você também é galileu? Estude e verá que da Galileia não sai profeta".
>
> E cada um retornou à sua casa.

Nicodemos demonstrava simpatia por Jesus, tanto que foi ao encontro dele durante a madrugada (*João* 3,1-12). Queria, no mínimo, um julgamento justo para ele (*Deuteronômio* 1,16-17). Mas os judeus tinham preconceitos contra os galileus e estavam convencidos de que Jesus blasfemava ao se apresentar como profeta e, ainda por cima, Filho de Deus. A ignorância dos fariseus impedia-os de reconhecer que da Galileia saiu, sim, antes de Jesus, o profeta Jonas (*2Reis* 14,25), nascido em Gate-Hefer, localizada a 4 km de Nazaré.

Capítulo 8

Jesus passou a noite no Monte das Oliveiras. Ao amanhecer, retornou ao Templo, e inúmeras pessoas foram ao seu encontro. Sentou-se e começou a ensinar.

Ao visitar a cidade sagrada, Jesus costumava se hospedar em Betânia, na casa de seus amigos e discípulos Marta, Maria e Lázaro. Contudo, eventualmente se abrigava em uma das cavernas do Monte das Oliveiras.

Os doutores da Lei e os fariseus se aproximaram; traziam uma mulher flagrada ao cometer adultério. Colocaram-na no meio da roda e disseram a Jesus: "Mestre, essa mulher foi pega em flagrante, cometia adultério. A Lei de Moisés manda que mulheres desse tipo devem ser apedrejadas[53]. Você, o que opina?"

Diziam isso para pôr Jesus à prova e ter motivo para acusá-lo. Jesus se inclinou e começou a escrever no chão com o dedo. Os doutores da Lei e os fariseus continuaram a insistir na pergunta. Jesus se levantou e disse: "Quem de vocês que não tem pecado, atire nela a primeira pedra"[54]. Inclinou-se de novo e continuou a escrever no chão. Ao ouvir isso, foram saindo um a um, a começar pelos mais velhos. E Jesus ficou sozinho.

A mulher permanecia ali. Jesus se levantou e perguntou: "Mulher, onde estão os outros? Ninguém

53. *Levítico* 20,10; *Deuteronômio* 22,23-24.

54. *Deuteronômio* 17,7: os acusadores tinham precedência para atirar pedras. O apedrejamento era a pena de morte aplicada pelos judeus.

> condenou você?" Ela respondeu: "Ninguém, Senhor". Jesus concluiu: "Também não a condeno. Pode ir, e não peque mais".

Esse capítulo não figura nos manuscritos mais primitivos do *Evangelho de João*. Foi introduzido a partir do século III por ser considerado primoroso exemplo da misericórdia e do antimoralismo de Jesus.

Ao narrar esse episódio, João retrata um Jesus nada legalista e, ao mesmo tempo, inteligente o bastante para não cair nas ciladas dos inimigos. Os fariseus e escribas queriam que Jesus negasse a lei mosaica e, assim, poderiam reforçar as acusações contra ele. Jesus simplesmente passou a enumerar no chão, em silêncio, os pecados de seus acusadores. E perdoou a mulher[55].

> Jesus prosseguiu: "*Eu sou* a luz do mundo. Quem me segue não andará nas trevas, mas possuirá a luz da vida". Os fariseus disseram: "O seu testemunho não vale, porque dá testemunho de si mesmo". Jesus retrucou: "Embora eu dê testemunho de mim mesmo, meu testemunho é válido, porque sei de onde venho e para onde vou. Vocês julgam como homens, mas eu não julgo ninguém. Mesmo que julgue, o meu julgamento é válido, porque não estou sozinho, mas o Pai que me enviou está comigo. Na Lei de vocês está escrito que o testemunho de duas pessoas é válido. Dou testemunho de mim mesmo, e o Pai que me enviou dá testemunho de mim".
>
> Então, lhe perguntaram: "Onde está seu Pai?" Jesus respondeu: "Vocês não conhecem nem a mim nem a meu Pai. Se me conhecessem, também conheceriam o meu Pai".

---

55. Há quem sugira Jesus ter escrito no chão o versículo 13 do capítulo 17 de Jeremias: "Esperança de Israel és tu, Senhor! Todos que te abandonam sejam envergonhados. Os que se afastam de ti serão gravados no solo, pois abandonaram a fonte de água viva, o Senhor".

> Jesus fazia essas afirmações enquanto ensinava no Templo, perto da sala do Tesouro. E ninguém o prendeu, porque a hora dele ainda não havia chegado.

"Por ocasião da festa dos Tabernáculos (ou das Tendas) eram colocados quatro enormes candelabros de ouro no pátio do tesouro, onde Jesus ensinava (*João* 8,20). Mais de 60 litros de azeite alimentavam as chamas dos gigantescos lampadários assentados sobre os muros do Templo. Devido à altura, a luz resplandecia sobre a cidade toda. Com tochas nas mãos, os fiéis cantavam e dançavam, aumentando a grandiosidade do espetáculo"[56].

> Jesus ainda disse: "Vou-me embora e vocês vão me procurar, mas haverão de morrer no pecado. Para onde vou, vocês não podem ir".
>
> As autoridades comentavam: "Por acaso ele vai se matar? Por que afirma: 'Para onde vou, vocês não podem ir'".
>
> Jesus continuou: "Vocês são daqui de baixo; eu, lá de cima. Vocês são deste mundo, mas eu não. Por isso digo que haverão de morrer com seus pecados. Se não acreditam que *Eu Sou*, vão morrer com seus pecados".
>
> As autoridades perguntaram: "Quem é você?" Jesus respondeu: "Eu poderia dizer muita coisa a respeito de vocês e condená-los. Mas Aquele que me enviou é verdadeiro, e digo ao mundo o que ouvi Dele".
>
> Eles não compreenderam que Jesus se referia ao Pai.

"Através dos séculos, o Evangelho de João proporcionou o terreno propício para muitas formas exóticas de pietismo individualista e quietismo (assim como a inspiração para o mais profundo misticismo)"[57]. Muitos tomaram essas palavras de Jesus como se ele abominasse o mundo, a ponto de obscurecer o Jesus histórico.

---

56. ODORÍSSIO, M. *Op. cit.*, p. 93.

57. BROWN, R.E. *A comunidade do Discípulo Amado*, p. 170.

Jesus continuou: "Quando vocês constatarem a ressurreição do Filho do Homem, saberão que *Eu Sou* e não faço nada por mim mesmo, pois falo apenas o que o Pai me ensinou. Aquele que me enviou está comigo. Ele não me deixou sozinho, porque sempre faço o que agrada a Ele".

Enquanto Jesus falava, muitos acreditaram nele.

Jesus disse às autoridades que tinham acreditado nele: "Se guardarem a minha palavra, vocês, de fato, serão meus discípulos; conhecerão a verdade, e a verdade haverá de libertá-los".

Eles disseram: "Somos descendentes de Abraão, e nunca fomos escravos de ninguém. Como você pode dizer: 'vocês ficarão livres'?"

Jesus replicou: "Garanto a vocês: quem comete pecado, é escravo do pecado. O escravo não fica para sempre na casa, mas o filho fica ali para sempre[58]. Por isso, se o Filho os libertar, vocês realmente ficarão livres. Sei que vocês são descendentes de Abraão; mas procuram me matar porque minha palavra não entra na cabeça de vocês. Falo do que vi junto do Pai; vocês também devem fazer o que ouvem do pai de vocês".

As autoridades dos judeus disseram a Jesus: "Nosso pai é Abraão". Ele retrucou: "Se são filhos de Abraão, façam as obras de Abraão. Agora, porém, vocês querem me matar; ora, o que fiz foi dizer a verdade que ouvi junto de Deus. Isso Abraão nunca fez. Vocês fazem a obra do pai de vocês".

Eles reagiram: "Não somos filhos ilegítimos; só temos um pai, Deus".

Jesus contestou: "Se Deus fosse pai de vocês, vocês me amariam, porque saí de Deus e venho Dele. Não vim pela minha própria vontade, foi Ele que me enviou. Por que não compreendem o que falo? Porque vocês não são capazes de ouvir a minha pala-

58. Referência a *Gênesis* 21,8-21.

> vra. O pai de vocês é o diabo, e vocês querem realizar o desejo do pai de vocês. Desde o começo ele é assassino e nunca esteve com a verdade, porque nele não existe verdade. Quando ele fala mentira, fala do que é dele, porque é mentiroso e pai da mentira. Eu falo a verdade e, por isso, vocês não acreditam em mim. Quem de vocês pode me acusar de pecado? Se digo a verdade, por que não acreditam em mim? Quem é de Deus ouve as palavras de Deus. Vocês, porém, não ouvem, porque não são de Deus".

João escreve seu evangelho na última década do século I, em uma conjuntura na qual cristãos são açoitados e expulsos das sinagogas como "heréticos", perseguidos pelos romanos por não abraçarem a religião pagã do Império, e se recusarem a adorar os imperadores e os deuses do panteão. Vale lembrar que nos três primeiros séculos de nossa era o judaísmo era tolerado pelo Império Romano, mas o cristianismo não[59].

---

59. Entre 85 e 90, fariseus e escribas, sobreviventes do massacre promovido pelos romanos no ano 70, reuniram-se na cidade da Jâmnia e fizeram ali uma espécie de concílio do judaísmo. Como já não havia Templo e, portanto, não se podia mais oferecer holocaustos e sacrifícios, decidiram que a prática religiosa se basearia, dali em diante, na estrita observância da Lei mosaica e no culto celebrado nas sinagogas. Desde então fariseus e escribas passaram a ser chamados de "rabinos", derivado do hebraico *rabbi*, "mestre". "Os rabinos decidiram ainda que seria considerado verdadeiro judeu apenas quem seguisse rigorosamente suas orientações baseadas na Lei de Moisés. Assim, todos os judeu-cristãos passaram a ser considerados dissidentes ou hereges e ficaram proibidos de frequentar a sinagoga. Como evoluiu, nos primeiros séculos, a relação entre cristianismo e judaísmo? Há evidências históricas de que a transição entre o judaísmo e a sinagoga dissidente, na vida concreta, nem sempre significou ruptura. Durante séculos, há cristãos que continuam seguindo o judaísmo: são batizados, observam o sábado, participam das refeições e dos banhos, seguem os interditos alimentares, assim como a data judaica da Páscoa. É possível seguir o rastro desse segmento de cristãos judaicos ou simpatizantes do judaísmo até os séculos IV e V d.C., como testemunha João Crisóstomo, entre outros. Para muitos cristãos, o judaísmo permanece uma referência fundamental durante muito tempo. E os cristãos não praticam até hoje o rito do batismo, clara referência ao judaísmo de João Batista? É que, ao longo da história, tanto a cultura greco-romana quanto a

Por isso, tanto o antirromanismo quanto o antijudaísmo marcam as primeiras comunidades cristãs. Contra o Império Romano, João escreverá o *Apocalipse*. Seu relato evangélico é fortemente marcado pelo antijudaísmo, a ponto de colocar na boca de Jesus que os judeus são filhos do diabo… Um dos mais renomados biblistas especializados no evangelho joanino, Raymond E. Brown, observa: "Sempre com a precaução de que o antijudaísmo de João não seja o mesmo antissemitismo posterior que assumiu, através dos séculos, coloração étnica, política e econômica"[60].

> As autoridades judaicas disseram: "Não temos razão de afirmar que você é um samaritano e está louco?" Jesus respondeu: "Não estou louco. Honro meu Pai, e vocês me desonram. Não procuro a minha glória. Existe alguém que a procura e julga. Garanto a vocês: se alguém guarda a minha palavra, jamais verá a morte".
>
> Os judeus disseram: "Agora sabemos que está louco. Abraão morreu e os profetas também. E você diz: 'se alguém guarda a minha palavra, nunca experimentará a morte'. Por acaso, você é maior que o nosso pai Abraão, que morreu? Os profetas também morreram. Quem você pretende ser?"

Havia forte rixa entre judeus e samaritanos no tempo de Jesus. Uns repudiavam os outros. Como Jesus criticava o legalismo

---

siríaco-mesopotâmica recebem vigorosos impulsos por parte do judaísmo" (HOORNAERT, E. "Por que Jesus se separou de João Batista?", texto divulgado por e-mail em janeiro de 2024).

"A aliança com os romanos possibilitou que a religião judaica, organizada pelos judeus fariseus, fosse considerada *Religião Lícita* – permitida pela lei do Império Romano. Os judeus ligados à sinagoga conquistaram o direito de se reunir, de manter uma caixa comum e de ter propriedades. Eles eram dispensados de prestar culto às divindades do Império Romano, tinham o direito de observar o sábado, de praticar seu culto e a sua Lei, e participavam, quando necessário, do exército só de judeus" (MARQUES, M.A.; NAKANOSE, S. *Op. cit.*, pp. 15-16).

60. BROWN, R.E. *A comunidade do Discípulo Amado*, p. 43, n. 69.

religioso do Templo de Jerusalém, foi acusado de ser "samaritano" e, pior, de "louco". A acusação de "samaritano" significava ter uma crença sincretista, considerada herética pelos fariseus.

> Jesus respondeu: "Se glorifico a mim mesmo, minha glória não vale nada. Quem me glorifica é meu Pai, Aquele que vocês dizem que é o Pai de vocês. Vocês não o conhecem, mas eu O conheço. Se dissesse que não O conheço, eu seria mentiroso como vocês. Mas O conheço e guardo a palavra Dele. Abraão, o pai de vocês, alegrou-se porque viu o meu dia. Ele viu e se encheu de alegria".
>
> Os judeus disseram: "Você ainda não chegou aos 50 anos e viu Abraão?" Jesus respondeu: "Garanto a vocês: antes que Abraão existisse, *Eu Sou*".
>
> Revoltados pegaram pedras para atirar em Jesus. Mas ele se escondeu e saiu do Templo.

Como o Templo estava em reforma havia muitas pedras em volta.

Capítulo 9

Mais adiante, Jesus encontrou um cego de nascença. Os discípulos perguntaram: "Mestre, quem pecou para que ele nascesse cego? Ele ou seus pais?" Jesus respondeu: "Nem ele, nem seus pais; ele é cego para que nele se manifestem as obras de Deus. Temos que realizar as obras Daquele que me enviou enquanto é dia. Aproxima-se a noite e ninguém poderá trabalhar. Enquanto estou no mundo, sou a luz do mundo".

Após dizer isso, Jesus cuspiu no chão, fez barro com a saliva e ungiu os olhos do cego. E disse: "Vá se lavar na piscina de Siloé". (Esta palavra quer dizer "O Enviado".) O cego foi, se lavou e voltou enxergando.

Os vizinhos e os que costumavam ver o cego – pois ele era mendigo – perguntavam: "Não é ele que ficava sentado, pedindo esmola?" Uns diziam: "É ele mesmo". Outros, porém, retrucavam: "Não é ele, mas parece com ele". Ele, no entanto, confirmava: "Sou eu mesmo".

Aí lhe perguntaram: "Como seus olhos se abriram?" Ele respondeu: "O homem que se chama Jesus fez barro, ungiu meus olhos e me disse: 'Vá se lavar em Siloé'. Fui, me lavei e comecei a enxergar". Perguntaram-lhe: "Onde está esse homem?" Ele respondeu: "Não sei".

Aquele que tinha sido cego foi levado à presença dos fariseus. Era sábado, o dia em que Jesus fez o barro e abriu os olhos do cego. Os fariseus lhe perguntaram como tinha recuperado a vista. Ele disse: "Alguém colocou barro nos meus olhos, me lavei, e agora enxergo". Os fariseus protestaram: "Esse homem não pode vir de Deus; ele não guarda o sábado". Outros se perguntavam: "Mas como pode um pecador realizar esses sinais?" E havia divisão entre eles. Interrogaram outra vez ao que tinha sido cego: "O que diz do homem que abriu seus olhos?" Ele respondeu: "É um profeta".

As autoridades dos judeus não acreditaram que ele tinha sido cego e havia recuperado a visão. Chamaram os pais dele e perguntaram: "Este é o filho que vocês dizem ter nascido cego? Como agora ele enxerga?" Os pais disseram: "Sabemos que é nosso filho e nasceu cego. Como agora enxerga, isso não sabemos. Também não sabemos quem abriu os olhos dele. Perguntem a ele. É maior de idade e pode se explicar".

Os pais do cego disseram isso porque temiam as autoridades religiosas, que haviam combinado expulsar da sinagoga quem confessasse que Jesus era o Messias[61].

As autoridades chamaram de novo o homem que tinha sido cego e lhe disseram: "Confesse a verdade. Sabemos que esse homem é um pecador". Ele res-

61. "O debate entre cristianismo e judaísmo na Igreja primitiva representa, do ponto de vista histórico, um processo extremamente complicado que nem de longe foi bastante pesquisado até agora. A separação não se fez abruptamente. No começo temos uma fase relativamente cordial. Mas as tensões e discussões surgiram já bem cedo como o prova o exemplo do apóstolo Paulo, que, antes de sua conversão em 35 d.C., combateu acirradamente a comunidade cristã. Como missionário junto aos pagãos entrou em conflito com as sinagogas e foi açoitado cinco vezes (*2Coríntios* 11,24s.). Depois da destruição de Jerusalém e do Templo, no ano 70 d.C., pelos romanos, as relações se tornaram mais difíceis. Hoje é comumente aceito que Rabban Gamaliel II, que assumiu a chefia da escola superior rabínica de Jamnia, no ano 80 d.C. após a destruição de Jerusalém, como sucessor do 'fundador' Rabban Jochanan ben Zakkai, promoveu a expulsão definitiva dos cristãos da comunidade judaica como sendo hereges. A ele se atribui ter introduzido a 12ª bênção contra os hereges na oração das '18 preces' (Talmude babilônico). A 12ª diz: 'Aos perseguidores não seja dada esperança alguma! O reino dos soberbos (romanos) se desagregue rapidamente em nossos dias! Desapareçam logo os nazarenos e os outros renegados! Sejam eliminados da terra dos vivos e não sejam inscritos ao lado dos piedosos! Louvado sejas tu, Senhor, que humilhas os atrevidos!'" (citado em BLANK, J. *Op. cit.*, p. 185).

pondeu: "Se é pecador, não sei; sei apenas que eu era cego e agora enxergo". Eles insistiram: "O que ele fez? Como abriu seus olhos?" Ele reagiu: "Eu já disse, e vocês não me escutaram. Por que querem ouvir de novo? Será que também querem se tornar discípulos dele?"

As autoridades insultaram o cego curado e o acusaram: "Você é discípulo dele. Nós, porém, somos discípulos de Moisés. Sabemos que Deus falou a Moisés; mas quanto a esse homem, nem sabemos de onde é". O homem respondeu: "Isso é de admirar! Vocês não sabem de onde ele é. No entanto, ele abriu os meus olhos. Sabemos que Deus não ouve os pecadores, mas ouve aquele que O respeita e faz a Sua vontade. Nunca se ouviu falar que alguém tenha aberto os olhos de um cego de nascença. Se esse homem não vem de Deus, não poderia fazer nada".

Os fariseus retrucaram: "Você nasceu mergulhado em pecado e quer nos ensinar?" E o expulsaram.

Em 1973, preso pela ditadura militar na Penitenciária Regional de Presidente Venceslau (SP), o grupo de teatro que organizei, integrado por presos comuns, apresentou esse episódio em um espetáculo teatral, criado por eles, intitulado "A cura do cego"[62].

O que João relata é emblemático, porque os verdadeiros cegos eram os fariseus incapazes de reconhecer a ação libertadora de Jesus. E por não admitirem cura no sábado...

---

62. Cf. meus *Cartas da prisão* (Companhia das Letras) e *Diário de Fernando – nos cárceres da ditadura militar brasileira* (Rocco). Dezesseis anos depois de eu deixar a prisão, Neal M. Flanagan escreveu sobre este capítulo em seu *Comentário bíblico* (*Op. cit.*, pp. 121-122), apresentando-o em seis cenas de uma peça de teatro, com esta observação: "Há seis cenas logicamente consecutivas; diálogo magnífico; personagens que são, sucessivamente, misericordiosos, confusos, fortes, valentes, fracos e egoístas. Desempenhando o papel principal – a ponto de roubar a cena de Jesus – está a figura fascinante do cego, corajoso e inteligente, revidando com sucesso cada golpe atirado em sua direção" (FLANAGAN, N.M. *Op. cit.*, p. 122).

Para a teologia do Templo de Jerusalém, toda doença era fruto do pecado, e os filhos podiam pagar pelas faltas cometidas por seus pais (*Deuteronômio* 5,9). Jesus isentou pais e filhos de pecados. Desassociou doença e pecado.

Há também uma dura crítica ao legalismo. Mais grave, para os fariseus, não era a cura de uma grave deficiência visual, mas o fato de Jesus ter violado a lei do sábado. Quando regras são colocadas acima de direitos humanos é sinal de que os valores estão invertidos. E como isso é frequente, inclusive no âmbito religioso.

Há uma fina ironia na narrativa joanina ao inverter os papéis: o cego é quem vê; os que veem são cegos. Diz o ditado: "Não há pior cego do que aquele que não quer ver".

> Jesus, ao saber que tinham expulsado da sinagoga aquele que fora cego, foi à procura dele e perguntou-lhe: "Acredita no Filho do Homem?" Ele respondeu: "Quem é ele, Senhor, para que eu acredite nele?" Jesus disse: "Você o vê; é aquele que fala com você". O cego afirmou: "Acredito, Senhor". E se ajoelhou diante de Jesus, que disse: "Vim a este mundo para um julgamento, a fim de que os que não veem vejam, e os que veem se tornem cegos".
>
> Alguns fariseus que estavam próximos ouviram isso e perguntaram: "Será que também somos cegos?" Jesus respondeu: "Se fossem cegos não teriam nenhum pecado. Mas como dizem 'Nós vemos', o pecado de vocês permanece".

Era uma crítica direta à cegueira dos fariseus.

O episódio nos permite datar a escrita desse evangelho entre os anos 80 e 90, década quando ocorreu a separação entre judaísmo e cristianismo[63].

---

63. "O homem curado foi expulso. Tal excomunhão da sinagoga por causa da crença em Jesus não era característica do tempo de Jesus, nem mesmo do de Paulo, que, em sua última viagem a Jerusalém, foi cultuar no Templo (*Atos* 21,26). Mas o relacionamento entre os judeu-cristãos e a sinagoga exa-

Capítulo 10

“Garanto a vocês: aquele que não entra pela porta no curral das ovelhas, mas sobe por outro lugar, é ladrão e assaltante. Mas aquele que entra pela porta é o pastor das ovelhas. O porteiro abre a porta para ele, e as ovelhas ouvem a sua voz; ele chama cada uma de suas ovelhas pelo nome e as conduz para fora. Depois de fazer sair todas as ovelhas, caminha na frente delas; e as ovelhas o seguem porque conhecem a sua voz. Elas jamais seguirão um estranho; ao contrário, fugirão dele, porque não conhecem a voz dos estranhos.”

Jesus contou-lhes essa parábola, mas eles não entenderam o que ele queria dizer.

Jesus continuou: “Sou a porta das ovelhas. Todos que vieram antes de mim são ladrões e assaltantes, e as ovelhas não os ouviram. *Eu sou* a porta. Quem entra por mim será salvo. Entrará e sairá e encontrará pastagem. O ladrão só vem para roubar, matar e destruir. Vim para que tenham vida, e vida em abundância. Sou o bom pastor. O bom pastor dá a vida por suas ovelhas. O mercenário – que não é pastor, e as ovelhas não são suas –, quando vê o lobo chegar, abandona as ovelhas e sai correndo. Então o lobo ataca e dispersa as ovelhas. O merce-

---

cerbou-se com o passar das décadas e, em especial, com a crescente intuição cristã de que Jesus era verdadeiramente Deus, verdadeiramente o *EU SOU*. Ocasionalmente a oração da sinagoga era alongada para incluir a maldição de hereges como os cristãos. Nenhum judeu-cristão podia, claro, participar de tal oração, o que, efetivamente, resultou na excomunhão dos judeu-cristãos” (FLANAGAN, N.M. *Op. cit.*, p. 123).

> nário foge porque trabalha só por dinheiro e não se importa com as ovelhas".
>
> "*Eu sou* o bom pastor: conheço minhas ovelhas e elas me conhecem, assim como o Pai me conhece e eu conheço o Pai. Dou a vida pelas ovelhas. Tenho também outras ovelhas que não são deste rebanho. Também a elas devo conduzir; elas ouvirão a minha voz, e haverá um só rebanho e um só pastor. O Pai me ama porque dou a minha vida para retomá-la de novo. Ninguém tira a minha vida; eu a dou livremente. Tenho poder de dar a vida e poder de retomá-la. Esse é o mandamento que recebi do meu Pai."
>
> Essas palavras causaram, de novo, divisão entre as autoridades. Muitos diziam: "Ele tem um demônio! Está louco! Por que vocês o escutam?" Outros afirmavam: "Essas palavras não são de um possesso, porque um demônio não pode abrir os olhos de um cego".

A porta de uma cidade era um importante local de comércio e também do tribunal. Ali eram tomadas as decisões da Justiça. Daí Jesus se comparar com a porta.

Ao visitar a Terra Santa em 1997, entendi melhor o significado dessas palavras. Ainda naquela época havia rebanhos de ovelhas conduzidas por pastores. Aprendi que as ovelhas são capazes de reconhecer a voz de seus pastores, assim como os bebês identificam o cheiro da mãe. Se no centro de uma aldeia há ovelhas que pertencem a diferentes pastores, quando um deles pronunciar uma palavra, as que pertencem a ele se destacarão do conjunto para segui-lo. "Elas ouvirão a minha voz."

"Tenho também outras ovelhas que não são deste rebanho" reflete a diversidade das comunidades joaninas, que não eram integradas apenas por judeus convertidos à fé cristã.

Essa alegoria pastoril foi, com certeza, inspirada no livro do profeta Ezequiel, capítulo 34 – escrito seis séculos antes de

Cristo –, que critica duramente os maus pastores, ou seja, as autoridades de seu tempo, corruptas, vendidas e irresponsáveis[64].

Jesus faz dura crítica aos pastores que "trabalham por dinheiro" como mercenários, voltados aos próprios interesses, e não às necessidades dos fiéis. E explicita ter consciência de que sua vida corre risco, mas está disposto a entregá-la pela causa do Reino.

> Em Jerusalém se celebrava a festa da Dedicação. Era inverno. Jesus passeava pelo Templo andando no pórtico de Salomão. As autoridades o rodearam: "Até quando nos deixará em dúvida? Se é o Messias, diga abertamente".
>
> Jesus respondeu: "Já disse, mas vocês não acreditam em mim. As obras que faço em nome do meu Pai dão testemunho de mim; vocês, porém, não querem acreditar porque não são minhas ovelhas. Minhas ovelhas ouvem a minha voz, eu as conheço, e elas me seguem. Dou a elas vida eterna e elas nunca morrerão. Ninguém vai arrancá-las da minha mão. O Pai, que tudo entregou a mim, é maior do que todos. Ninguém pode arrancar coisa alguma da mão do Pai. O Pai e eu somos um".

Entre 167-164 a.C., Antíoco Epífanes, rei da Síria, oprimiu os judeus e introduziu a prostituição sagrada no Templo de Jerusalém, onde ergueu uma estátua a Júpiter Olímpico (Zeus), chamada "abominação da desolação" (*1Macabeus* 1,54). Contudo, Judas Macabeus o enfrentou e purificou a casa de Deus, em 164 a.C. (*1Macabeus* 4,41-59). Instituiu-se, assim, a festa da Dedica-

64. "Ai dos pastores de Israel que são pastores de si mesmos! Não é do rebanho que os pastores deveriam cuidar? Vocês bebem o leite, vestem a lã, sacrificam as ovelhas gordas, mas não cuidam do rebanho. Vocês não procuram fortalecer as ovelhas fracas, não curam as que estão doentes, não tratam as feridas daquelas que sofrem fraturas, não trazem de volta aquelas que se desgarraram e não procuram aquelas que se extraviaram. Pelo contrário, vocês dominam sobre elas com violência e opressão" (*Ezequiel* 34,2-4).

ção do Templo, que durava nove dias e era celebrada no inverno, em meados de dezembro.

Certas expressões de Jesus, que hoje nos soam como densas afirmações teológicas, eram escutadas pelos judeus como supremas heresias. Eis um exemplo: "O Pai e eu somos um". Aos ouvidos dos judeus, os cristãos das comunidades joaninas proclamavam a existência de um segundo Deus, o que feria gravemente um dos pilares da identidade israelita: "Ouve, ó Israel, o Senhor, nosso Deus, é o único Senhor" (*Deuteronômio* 6,4). "Não é de admirar que as autoridades judaicas pensassem que tais pessoas deveriam ser expulsas das sinagogas e até exterminadas por causa de sua blasfêmia"[65].

> De novo as autoridades pegaram pedras para apedrejar Jesus. Ele disse: "Por ordem do meu Pai tenho feito muitas coisas boas na presença de vocês. Por qual delas querem me apedrejar?" As autoridades alegaram: "Não queremos apedrejá-lo por causa de boas obras, e sim por causa de uma blasfêmia: você é apenas um homem e se faz passar por Deus".
>
> Jesus objetou: "Por acaso não é na Lei de vocês que está escrito: 'Eu disse: vocês são deuses'?[66] Ninguém pode anular a Escritura. Ora, a Lei chama de deuses as pessoas para as quais a palavra de Deus foi dirigida. O Pai me consagrou e me enviou ao mundo. Por que me acusam de blasfêmia se digo que sou Filho de Deus? Se não faço as obras do meu Pai, vocês não precisam acreditar em mim. Mas se faço, mesmo que não queiram acreditar em mim, acreditem pelo menos em minhas obras. Assim conhecerão, de uma vez por todas, que o Pai está presente em mim, e eu no Pai".
>
> Eles tentaram outra vez prender Jesus, mas ele escapou das mãos deles.

---

65. BROWN, R.E. *A comunidade do Discípulo Amado*, p. 49.

66. *Salmo* 82,6.

Proclamar "o Pai e eu somos um" soava como suprema blasfêmia. E esse crime era punido com a pena de morte (*Levítico* 24,16).

> Jesus atravessou de novo o Rio Jordão e foi ao local onde antes João [Batista] batizava. Ali permaneceu. Muitos foram ao seu encontro e comentavam: "João não realizou nenhum sinal, mas tudo o que ele disse a respeito desse homem é verdade". E muitos acreditaram em Jesus.

Com certeza o local continuava a ser alvo de peregrinação popular.

Capítulo 11

Lázaro adoeceu. Era natural de Betânia, o povoado de Maria e de sua irmã Marta. Maria era aquela que tinha ungido o Senhor com perfume e enxugado os pés dele com os cabelos. Lázaro, que estava de cama, era irmão delas. As irmãs mandaram a Jesus um recado: "Senhor, aquele a quem ama está doente"[67]. Ao ouvir o recado, Jesus disse: "Essa doença não é para a morte, mas para a glória de Deus, para que o Filho de Deus seja glorificado por meio dela".

Jesus amava Marta, a irmã dela e Lázaro. Quando soube que ele adoecera, permaneceu ainda dois dias no lugar onde se encontrava. Só então disse aos discípulos: "Vamos outra vez à Judeia". Os discípulos contestaram: "Mestre, agora há pouco as autoridades queriam apedrejá-lo e vai de novo para lá?"

Jesus retrucou: "Não são doze as horas do dia? Se alguém caminha de dia não tropeça, porque vê a luz deste mundo. Mas se caminha de noite tropeça, porque nele não há luz". E acrescentou: "Nosso amigo Lázaro adormeceu. Vou acordá-lo". Os discípulos informaram: "Senhor, se ele dorme, vai se salvar". Jesus se referia à morte de Lázaro, mas os discípulos pensaram que era ao sono natural.

---

67. Este versículo faz alguns estudiosos do Evangelho de João deduzirem que o misterioso "discípulo amado", recorrente no texto joanino, seria Lázaro. "O fato de ser Lázaro o único homem no evangelho a ser nomeado como objeto do amor de Jesus – nada semelhante se diz a respeito dos doze – tem levado alguns comentadores a identificá-lo com o Discípulo Amado" (BROWN, R.E. *A comunidade do Discípulo Amado*, p. 202).

Jesus falou claramente: “Lázaro está morto. E me alegro por não termos estado lá, para que vocês acreditem. Agora, vamos à casa dele”. Tomé, chamado Gêmeo, disse aos companheiros: “Vamos nós também para morrer com ele”.

Tomé possivelmente tinha um irmão gêmeo ou irmã, daí o apelido. E sabia o risco que Jesus corria ao entrar em Jerusalém, onde as autoridades queriam condená-lo à morte.

Ao subir para as festas na cidade sagrada, Jesus costumava se hospedar na casa de seus amigos Lázaro, Marta e Maria.

Quando Jesus chegou, já fazia quatro dias que Lázaro se encontrava no túmulo. Betânia fica próxima de Jerusalém; uns três quilômetros apenas. Muitos judeus tinham ido à casa de Marta e Maria para as consolar por causa do irmão. Quando Marta soube que Jesus se aproximava, foi ao encontro dele. Maria, porém, ficou em casa.

Marta disse a Jesus: “Senhor, se estivesse aqui, meu irmão não teria morrido. Mas estou segura de que tudo que pede a Deus, Ele lhe dará”. Jesus disse: “Seu irmão ressuscitará”. Marta concordou: “Sei que ele ressuscitará na ressurreição, no último dia”. Jesus disse: “*Eu sou* a ressurreição e a vida. Quem acredita em mim, mesmo que morra, viverá. E todo aquele que vive e acredita em mim não morrerá para sempre. Acredita nisso?” Ela respondeu: “Sim, Senhor. Acredito que é o Messias, o Filho de Deus que devia vir a este mundo”.

Dito isso, Marta chamou sua irmã Maria. Falou a ela em voz baixa: “O Mestre chegou e chama você”. Quando Maria ouviu isso, levantou-se depressa e foi ao encontro de Jesus, que ainda não tinha entrado no povoado, continuava no mesmo lugar onde Marta o havia encontrado.

Os judeus estavam com Maria na casa e procuravam consolá-la. Quando viram Maria levantar-se depressa e sair, foram atrás dela; pensaram que iria ao túmulo para prantear o irmão.

Porém, Maria fora ao encontro de Jesus. Vendo-o, ajoelhou-se a seus pés e disse: "Senhor, se estivesse aqui, meu irmão não teria morrido". Jesus viu que Maria e os judeus que a acompanhavam choravam. Ficou comovido. E disse: "Onde colocaram Lázaro?" Disseram: "Senhor, vem e vê". Jesus começou a chorar. Os judeus observaram: "Vejam como ele o amava!" Alguns deles comentaram: "Se ele abriu os olhos do cego, não poderia ter impedido que esse homem morresse?"

Jesus chegou ao túmulo. Era uma gruta fechada com uma pedra. Jesus ordenou: "Tirem a pedra". Marta, irmã do falecido, ponderou: "Senhor, já cheira mal. Faz quatro dias"[68]. Jesus observou: "Não lhe disse que, se acreditar, verá a glória de Deus?" Tiraram a pedra. Jesus levantou os olhos para o alto: "Pai, eu Te dou graças porque me ouviste. Sei que sempre me ouves. Mas falo por causa das pessoas que me rodeiam, para que acreditem que Tu me enviaste". Após dizer isso, gritou bem forte: "Lázaro!" O morto saiu. Tinha os braços e as pernas amarrados com panos e o rosto coberto com um sudário. Jesus disse aos presentes: "Desamarrem e deixem que ele ande".

É curioso apenas o *Evangelho de João* registrar a ressurreição de Lázaro. Marcos, Mateus e Lucas não a mencionam. E chama a atenção a descrição tão humana que João faz: "Jesus amava Maria"; "Jesus começou a chorar"; "Vejam como ele o amava".

---

68. "Esses quatro dias são importantes. Eles se explicam pela crença, atestada entre os rabinos do fim do século II, de que a alma (princípio de vida que anima o corpo) gira durante três dias em torno do cadáver, por todo o tempo que o reconhece. Quando, porém, o semblante se decompõe, ela deixa para sempre a proximidade do túmulo" (JAUBERT, A. *Op. cit.*, p. 81).

Jesus se viu cercado de pessoas que acreditavam nele, mas também por quem esperava vê-lo fracassar. Por isso, ao tirarem a pedra do túmulo, ele "levantou os olhos para o alto: 'Pai, eu Te dou graças porque me ouviste. Sei que sempre me ouves. Mas falo por causa das pessoas que me rodeiam, para que acreditem que Tu me enviaste'". E Lázaro ressuscitou!

Jesus só chegou a Betânia no quarto dia após ter sido avisado da morte de Lázaro. Isso porque, na época, uma pessoa só era considerada oficialmente morta após três dias do falecimento.

Betânia, hoje conhecida por al-Eizariya e situada na Cisjordânia, fica a apenas 3 km de Jerusalém, como o próprio João informa. Por isso Tomé pressentiu o risco de Jesus retornar à região cujas autoridades pretendiam assassiná-lo. No entanto, demonstrou coragem: "Vamos nós também para morrer com ele".

Merece destaque, no episódio, a confissão de fé de Marta: "Sim, Senhor. Acredito que é o Messias, o Filho de Deus que devia vir a este mundo". Em outros evangelhos essa proclamação aparece na boca de um homem, sobretudo Pedro. Isso reitera a minha tese de que o *Evangelho de João* tem também forte acento feminista. Ele reconhece o protagonismo das mulheres de um modo que não aparece nos sinóticos, exceto em Lucas.

Outro detalhe importante é Jesus se abrir de novo a uma mulher, como fez à samaritana: "*Eu sou* a ressurreição e a vida". À samaritana, se revelou o Messias; a Marta, seu poder de ressuscitar; e Madalena, como veremos ao fim do evangelho, foi a primeira testemunha de sua ressurreição[69].

---

69. "Outras comunidades cristãs pensavam que foi Pedro quem fez a suprema revelação de Jesus como Filho de Deus e a quem Jesus ressuscitado apareceu primeiro. Mas a comunidade joanina associava tais memórias a heroínas como Marta e Maria Madalena" (BROWN, R.E. *A comunidade do Discípulo Amado*, p. 201).

> Muitos judeus, que tinham ido à casa de Maria e viram o que Jesus fez, acreditaram nele. Alguns, porém, foram ao encontro dos fariseus e o denunciaram. Os chefes dos sacerdotes e os fariseus reuniram o Sinédrio e disseram: "Esse homem realiza muitos sinais. Se deixamos que continue assim, todos acreditarão nele; os romanos virão e destruirão o Templo e toda a nação".
>
> Um deles, chamado Caifás, sumo sacerdote naquele ano, disse: "Vocês não sabem nada. Não percebem que é melhor um só homem morrer pelo povo do que a nação inteira perecer?" Caifás não falou isso por si mesmo. Sendo sumo sacerdote naquele ano, profetizou que Jesus morreria pela nação. E não só pela nação, mas também para reunir os filhos de Deus que estavam dispersos. A partir daquele dia, as autoridades decidiram que era preciso matar Jesus. Por isso, Jesus não andava mais em público entre os judeus. Retirou-se para uma região próxima do deserto. Foi para uma cidade chamada Efraim, onde se refugiou com seus discípulos.

Se Jesus angariava estima por parte de alguns judeus, da parte de outros suscitava ódio, como todo líder libertador que ousa romper a ordem vigente. O Sinédrio era a suprema instância político-religiosa de Israel. A reação de seus líderes à militância de Jesus comprova o quanto ele causava inquietação, seja por conquistar apoio popular ("se continuar assim, todos acreditarão nele"), seja por ameaçar o reino de César ao anunciar um outro Reino possível, o de Deus – o que, aos olhos dos ocupantes romanos, era crime de sedição.

Ao afirmar que o sumo sacerdote profetizou que Jesus morreria não só pela nação, mas também para reunir os filhos de Deus que estavam dispersos, o objetivo de João foi incluir os samaritanos, os pagãos, os gregos, enfim, realçar a dimensão universal da proposta de Jesus e, ao mesmo tempo, o caráter expiatório da morte de Jesus, tradicionalmente chamada de "sacrifício".

O cargo de sumo sacerdote era rotativo e estava ocupado por José Caifás naquele momento, cujo mandato se estendeu por 19 anos, de 18 a 37. Caifás era casado com a filha de Anás, que foi sumo sacerdote do ano 6 a 15 e tinha muito poder no Sinédrio.

A decisão das autoridades de assassinar Jesus levou-o à clandestinidade e a se refugiar com seus discípulos em Efraim, cidade a 30 km de Jerusalém. Situada hoje na Cisjordânia, é a única cidade cristã do enclave palestino predominantemente muçulmano.

> A festa da Páscoa se aproximava, e muita gente do campo foi a Jerusalém purificar-se. Eles procuravam Jesus e quando se reuniram no Templo comentavam: "O que vocês acham? Será que ele não virá para a festa?"
>
> Os chefes dos sacerdotes e os fariseus tinham baixado uma ordem: quem soubesse onde Jesus estava devia denunciar, para que pudessem prendê-lo.

A festa da Páscoa, uma das três importantes festas judaicas, atraía a Jerusalém milhares de peregrinos. As outras duas eram as festas das Tendas (ou Tabernáculos) e a de Pentecostes (ou das Colheitas).

Capítulo 12

Seis dias antes da Páscoa, Jesus foi para Betânia, onde morava Lázaro. Ali ofereceram-lhe um jantar. Marta servia e Lázaro se encontrava à mesa. Maria entrou com quase meio litro de perfume de nardo puro, muito caro. Ungiu com ele os pés de Jesus e os enxugou com seus cabelos. A casa inteira se encheu de fragrância.

Judas Iscariotes, um dos discípulos, aquele que trairia Jesus, criticou: "Por que esse perfume não foi vendido por trezentas moedas de prata para dar aos pobres?" Disse isso, não por se preocupar com os pobres, mas porque era ladrão. Tomava conta da bolsa comum e roubava do que se depositava nela. Jesus, porém, objetou: "Deixe-a. Ela guardou esse perfume para me ungir no dia do meu sepultamento. Vocês estarão sempre com os pobres; ao passo que eu não estarei sempre com vocês".

Jesus continuou a desafiar as leis vigentes. Na casa de um "impuro" foi ungido por uma mulher, socialmente considerada um ser inferior e, portanto, indigna de repetir um gesto comum no Primeiro Testamento – profetas ungindo a cabeça de reis hebreus.

Judas Iscariotes ficou indignado ao ver a mulher derramar um perfume caro sobre a cabeça de Jesus. Trezentas moedas de prata equivaliam ao salário de dez meses de um trabalhador. Não entendeu o simbolismo do gesto. Maria o reconhecia como Messias, pois "messias" significa "ungido". Do alto de sua hipocrisia, Judas alegou que o valor do perfume poderia "ser dado aos pobres". Mas João o denuncia como "ladrão": "Tomava conta da bolsa comum e roubava do que se depositava nela".

Para Jesus, seus discípulos estariam sempre ao lado dos pobres. Ao contrário do que pensam alguns, ele não quis dizer que sempre haverá pobres no sentido material. Mas pobres em geral: pessoas que carecem de saúde física ou mental, excluídas da sociedade, marginalizadas por discriminações. E nós, discípulos, devemos ser solidários a elas no cuidado e na defesa de seus direitos.

Aqueles que, hoje, têm postura farisaica costumam criticar os militantes da causa do Reino que fizeram opção pelos pobres ao vê-los jantar em um restaurante caro ou trafegar em um carro de luxo. Catam piolho em cabeça de alfinete ou, como denunciou Jesus: "Por que você repara no cisco que está no olho do seu irmão e não se dá conta da viga que está em seu próprio olho? Hipócrita, tira primeiro a trave do seu olho, e então cuidará em tirar o cisco do olho do seu irmão" (*Mateus* 7,4-5).

Não se julga uma pessoa por atitudes isoladas. Seria como ler um texto fora do contexto. Há que considerar o sentido que a pessoa imprime ao rumo de sua vida. É o que importa.

> Muitos judeus souberam que Jesus se encontrava em Betânia. Foram até lá não só por causa de Jesus, mas também para verem Lázaro, que Jesus havia ressuscitado dos mortos. Então os chefes dos sacerdotes decidiram matar também Lázaro, porque, por causa dele, muitos judeus renegavam seus chefes e acreditavam em Jesus.

O poder não quis apenas assassinar Jesus, mas também apagar os frutos de sua militância libertadora.

> No dia seguinte, a multidão que tinha ido à festa soube que Jesus chegava a Jerusalém. Apanharam ramos de palmeira e saíram ao seu encontro, gri-

> tando: “Hosana! Bendito aquele que vem em nome do Senhor, rei de Israel!”[70]
> Jesus encontrou um jumentinho e montou nele, como está dito na Escritura: “Não tenha medo, cidade de Sião. Eis que o seu rei se aproxima montado num jumentinho!”[71]

Nesse momento, os discípulos não entenderam o que acontecia. Mas, quando Jesus foi glorificado, lembraram que haviam feito com Jesus aquilo que a Escritura dizia. O grupo que presenciara Jesus ressuscitar Lázaro, mandando-o sair do túmulo, dava testemunho do que tinha visto. A multidão foi ao encontro de Jesus, porque sabia que ele tinha realizado esse sinal. Os fariseus disseram uns aos outros: “Vejam como vocês não conseguem nada. Todo mundo corre atrás de Jesus!”

Jesus era homem destemido. Apesar de saber que queriam eliminá-lo, ousou entrar em Jerusalém. Sabia que poderia contar com o apoio popular, tanto que chegou à cidade sagrada como antirrei, montado em um jumentinho, e não em garboso cavalo branco.

João registra que os discípulos “não entenderam o que acontecia”, ficaram confusos, pois como entrar na cidade onde pretendiam matá-lo?

> Entre os que tinham ido à festa para adorar a Deus havia alguns gregos. Eles se aproximaram de Filipe, que era de Betsaida da Galileia, e disseram: “Senhor, queremos ver Jesus”. Filipe falou com André; e os dois foram procurar Jesus.

Esse registro de João comprova que Jesus se movia com cautela em Jerusalém, evitando se expor. Para encontrá-lo, os gregos – judeus helenistas que falavam somente grego, e não hebraico

---

70. *Salmo* 117,26 (118,26). “Hosana” significa “traga-nos a libertação”.

71. *Zacarias* 9,9.

ou aramaico como os demais judeus[72] – tiveram que abordar um dos apóstolos, Filipe, que entendia grego. Possivelmente Filipe não conhecia o paradeiro de Jesus, como convém a quem se encontra clandestino. Mas André, sim, pois era irmão de Pedro, que, como Tiago e João, figura como um dos mais próximos de Jesus.

Filipe e André, que tinham nomes de origem grega, foram os intermediários dos gregos.

> Jesus respondeu a eles: "Chegou a hora em que o Filho do Homem será glorificado. Garanto a vocês: se o grão de trigo não cai na terra e não morre, fica isolado. Mas se morre, produz muito fruto. Quem tem apego à sua vida, vai perdê-la; quem despreza sua vida neste mundo, vai conservá-la para a vida eterna. Se alguém quer servir a mim, que me siga. E onde eu estiver, aí também estará o meu servo. Se alguém serve a mim, o Pai o honrará. Agora me encontro muito perturbado. E o que direi? Pai, livra-me desta hora? Mas foi precisamente para esta hora que vim. Pai, manifesta a glória do Teu nome!"

Ao contrário dos três primeiros evangelhos, o de João retrata um Jesus que, diante da ameaça de morte, não se mostra intimidado ou mesmo angustiado, a ponto de pedir ao Pai "afasta de mim este cálice". O Jesus de João é destemido, encara a morte como sua glorificação, está disposto a morrer como grão de trigo que cai na terra para frutificar...

No entanto, João informa que Jesus não era nenhum "super-homem", tanto que admitiu estar "muito perturbado". Ainda assim, teria abraçado a morte como glorificação do nome divino.

> Então veio uma voz do céu: "Manifestei a glória do Meu nome e vou manifestá-la de novo". As pessoas que ali estavam ouviram a voz e acharam que tinha sido um trovão. Outros diziam: "Foi um anjo que

---

72. BROWN, R.E. *A comunidade do Discípulo Amado*, p. 39.

falou com ele". Jesus disse: "Essa voz não falou por causa de mim, mas por causa de vocês. Agora é o julgamento deste mundo. Agora o príncipe deste mundo vai ser expulso e quando eu for levantado da Terra atrairei todos a mim".

Jesus falou assim para indicar como haveria de morrer.

"Levantado da Terra" é uma expressão para significar que Jesus seria dependurado em uma cruz e, em seguida, ressuscitaria.

Alguns disseram a Jesus: "A Lei nos diz que o Messias permanecerá aqui para sempre. Como pode afirmar que é preciso o Filho do Homem ser levantado? Quem é esse Filho do Homem?" Jesus respondeu: "A luz ainda estará no meio de vocês por pouco tempo. Procurem caminhar enquanto têm a luz, para que as trevas não alcancem vocês. Quem caminha nas trevas não sabe para onde se dirige. Enquanto vocês têm a luz, acreditem na luz, para que se tornem filhos da luz".

Em seguida, Jesus foi embora e se escondeu deles.

João utiliza binômios em seu estilo literário, como luz/trevas. É um autor metafórico, poético, que reflete com muita propriedade a sabedoria oriental.

Embora se mostrasse no Templo de Jerusalém, fora dali Jesus se mantinha na clandestinidade.

Apesar de Jesus ter realizado, na presença deles, tantos sinais, não acreditaram nele. Assim se cumpriu a palavra dita pelo profeta Isaías: "Senhor, quem acreditou em nossa mensagem? Para quem foi revelada a força do Senhor?"[73] O próprio Isaías mostrou a razão pela qual não podiam acreditar: "Deus cegou-lhes os olhos e endureceu-lhes o coração, para que não vejam com os olhos e não com-

73. *Isaías* 53,1.

> preendam com o coração, a fim de que não se convertam, e eu tenha que curá-los"[74]. Isaías fez esta afirmação porque viu a glória de Jesus e falou a respeito dele. Entretanto, até mesmo entre os chefes dos judeus houve quem acreditasse em Jesus. Mas, por causa dos fariseus, não se atreviam a confessar isso em público, para não serem expulsos da sinagoga. Preferiam a glória humana à glória que vem de Deus.

João registra que a atividade de Jesus provocou uma cisão entre os líderes político-religiosos. Muitos temiam admitir em público sua adesão a Jesus, assim como ainda hoje há quem encubra suas convicções com receio de perder prestígio junto a seus pares.

> Jesus falou alto: "Quem acredita em mim não é em mim que acredita, mas Naquele que me enviou. Quem me vê, vê também Aquele que me enviou. Vim ao mundo como luz, para que todo aquele que acredita em mim não fique nas trevas. Não condeno quem ouve as minhas palavras e não obedece a elas, porque não vim para condenar o mundo, mas para salvar. Quem me rejeita e não aceita minhas palavras já tem o seu juiz: a palavra que falei será seu juiz no último dia. Porque não afirmei por mim. O Pai que me enviou, Ele é quem me ordenou o que eu devia dizer. E sei que o mandamento Dele é vida eterna. Portanto, o que afirmo, manifesto conforme o Pai me disse".

Mais uma vez João ressalta a unidade entre Jesus e Deus – o Filho é, por excelência, a revelação do Pai. Segundo Brown[75], esse "pequeno discurso de Jesus obviamente não foi historicamente proferido nesta ocasião (visto que Jesus se retirou – 'Em seguida, Jesus foi embora e se escondeu deles'), mas é um belíssimo resumo da mensagem de Jesus ao mundo".

---

74. *Isaías* 6,10.

75. BROWN, R.E. *Evangelho de João e Epístolas*, p. 112.

Capítulo 13

> Antes da festa da Páscoa, Jesus sabia que chegara a sua hora. Hora de passar deste mundo para o Pai. Ele, que tinha amado os seus que estavam no mundo, amou-os até o fim.

Toda a narrativa evangélica de João é enraizada no amor. Em todo o Novo Testamento ele é o único autor que define Deus: "Quem não ama não conhece a Deus, porque Deus é amor" (*Primeira Carta de João* 4,8); "Deus é amor: quem permanece no amor permanece em Deus e Deus permanece nele" (*Primeira Carta de João* 4,16). Inclusive aqueles que não têm fé, mas amam, estão em Deus, e Deus neles.

> Durante a ceia, o diabo já havia posto no coração de Judas Iscariotes, filho de Simão, a intenção de trair Jesus. Este sabia que o Pai tinha colocado tudo em suas mãos. Sabia também que havia saído de junto de Deus e voltaria a Deus.
>
> Jesus se levantou da mesa, tirou o manto, pegou uma toalha e amarrou-a na cintura. Colocou água na bacia e começou a lavar os pés dos discípulos, enxugando com a toalha que trazia na cintura. Chegou a vez de Simão Pedro. Este disse: "Senhor, vai lavar meus pés?" Jesus respondeu: "Agora você não sabe o que faço. Ficará sabendo mais tarde".
>
> Pedro reagiu: "O Senhor não vai lavar meus pés nunca!" Jesus ponderou: "Se eu não os lavar, você não terá parte comigo". Simão Pedro admitiu: "Senhor, então lave não só meus pés, mas também as mãos e a cabeça". Jesus falou: "Quem já tomou ba-

> nho só precisa lavar os pés, porque está todo limpo. Vocês também estão limpos, mas nem todos".
> Jesus sabia quem o trairia; por isso falou: "Nem todos vocês estão limpos".

Ao contrário dos outros três evangelistas, que na última ceia de Jesus com seus companheiros descrevem a partilha do pão e do vinho, feitos corpo e sangue do Senhor, João relata um gesto de humildade de Jesus que traduz tudo que ele quis ensinar sobre o poder: o lava-pés. "Lavar os pés dos outros, empoeirados pela viagem por estradas enlameadas, protegidos apenas por sandálias, era uma tarefa tão baixa que nem se exigia do escravo judeu. Tal humilhação da parte de Jesus leva Pedro a oferecer resistência"[76].

Como um servo ou escravo, que lavava os pés de quem, após caminhar por vias poeirentas e/ou barrentas, chegava em casa, Jesus amarrou uma toalha na cintura, pegou uma bacia com água e pôs-se a lavar os pés de seus amigos. Pedro reagiu indignado. Como o Senhor seria capaz de agir como um servo? Mas, diante da reação de Jesus, ele reconsiderou sua postura e se dispôs a que lhe lavasse também os pés e a cabeça...

Segundo Suetônio, o Imperador Calígula ordenava que senadores lhe lavassem os pés como forma de humilhá-los[77].

Poder é serviço. No entanto, raros os poderosos que se assumem como servidores. A maioria se sente e age como aquele que manda, e não, a exemplo de Jesus, como aquele que serve. Nem se mostra disposto a dar a vida pelas causas que diz defender.

Em seguida, o próprio Jesus explicou o significado de seu gesto.

> Depois de lavar os pés dos discípulos, Jesus vestiu o manto, sentou-se de novo e perguntou: "Com-

---

76. BROWN, R.E. *Evangelho de João e Epístolas*, pp. 115-116.

77. SUETÔNIO. *A vida dos doze Césares*. Brasília, DF: Senado Federal, 2012. (Edições do Senado Federal, 171.)

> preenderam o que acabei de fazer? Vocês dizem que sou o Mestre e Senhor. E têm razão, *eu sou*. Pois bem: eu, que sou Mestre e Senhor, lavei os seus pés; por isso vocês devem lavar os pés uns dos outros. Eu lhes dei o exemplo: vocês devem fazer o que fiz. Garanto a vocês: o servo não é maior do que o seu senhor; nem o mensageiro maior do que Aquele que o enviou. Se vocês compreenderem isso, serão felizes se puserem em prática".

"Mestre" era um título utilizado pelos fariseus. "Senhor", pelos romanos. Toda a proposta de Jesus quanto às relações de poder está contida nesse episódio. Quando Deus encarnado atua como um servo e se abaixa para lavar os pés dos discípulos, isso questiona radicalmente toda a concepção de poder como dominação. Mas como é difícil ao nosso ego assumir o poder como serviço e não como imposição, proeminência e fator de privilégios!

Também me parece pertinente destacar a conclusão de Jesus: colocar-se a serviço dos demais, sobretudo dos mais pobres e excluídos, é uma prática que traz felicidade. "Vocês devem lavar os pés uns dos outros [...]. Se compreenderem isso, serão felizes se puserem em prática."

De fato, o que nos faz feliz é fazer os outros felizes. É o sentido solidário que imprimimos à nossa existência.

> "Não falo de todos vocês. Conheço aqueles que escolhi, mas é preciso que se cumpra o que está na Escritura: 'Aquele que come pão comigo é o primeiro a me trair!' Digo isso agora, antes de acontecer, para que, quando acontecer, acreditem que *Eu Sou*. Afirmo a vocês: quem receber aquele que eu enviar, receberá a mim, e quem me recebe, recebe Aquele que me enviou."
>
> Após dizer isso, Jesus ficou profundamente comovido e disse com toda a clareza: "Sei que um de vocês me trairá".

> Desconcertados, os discípulos olhavam uns para os outros, pois não sabiam a quem Jesus se referia. Um deles, aquele que Jesus amava, estava à mesa ao lado de Jesus. Simão Pedro fez sinal para que ele procurasse saber a quem Jesus se referia. O discípulo se inclinou sobre o peito de Jesus e perguntou: "Senhor, de quem fala?" Jesus respondeu: "Daquele a quem darei o pedaço de pão que agora umedeço no molho"[78]. Pegou um pedaço de pão, molhou-o e deu a Judas Iscariotes, filho de Simão. Naquele momento, depois do pão, Satanás entrou em Judas. Jesus lhe disse: "O que pretende fazer, faça logo".
>
> Ninguém ali presente compreendeu por que Jesus disse isso. Como Judas era o responsável pela bolsa comum, alguns discípulos pensaram que Jesus o mandara comprar o necessário para a festa ou dar alguma coisa aos pobres. Judas pegou o pedaço de pão e saiu imediatamente. Era noite.

Jesus, de novo, usou a expressão divina: "*Eu Sou*". E, segundo João, ele se comoveu ao anunciar que seria traído. Os comensais não estavam sentados, e sim recostados sobre almofadas ou divãs. Tinham a cabeça próxima à mesa e os pés afastados. Seguravam a cabeça com a mão esquerda e, com a direita, alcançavam os alimentos. João discretamente se refere a si mesmo como "aquele que Jesus amava". Era provavelmente o mais jovem do grupo. O detalhe final – "Era noite" – é um arremate literário para frisar que Judas já estava tomado pelas trevas e afastado da luz.

> Quando Judas Iscariotes saiu, Jesus disse: "Agora o Filho do Homem foi glorificado e também Deus foi glorificado nele. Deus o glorificará em si mes-

78. "Molhar um pedaço de pão era uma reminiscência do ato de molhar as ervas amargas no molho do *charoset* (mistura de maçã, noz e vinho) da Páscoa" (BROWN, R.E. *Evangelho de João e Epístolas*, p. 119).

> mo e o glorificará logo. Meus filhos: ficarei com vocês só mais um pouco. Vocês me procurarão, e afirmo agora o que já disse aos judeus: para onde vou, vocês não podem ir. Dou a vocês um mandamento novo: amem-se uns aos outros. Assim como amei vocês, vocês devem amar uns aos outros. Se tiverem amor uns para com os outros, todos reconhecerão que são meus discípulos".
>
> Simão Pedro perguntou: "Senhor, para onde vai?" Jesus respondeu: "Para onde vou você não pode me seguir agora. Seguirá mais tarde". Pedro disse: "Senhor, por que não posso segui-lo agora? Daria a minha vida por você". Jesus respondeu: "Você daria a vida por mim? Eu garanto: antes que o galo cante, você me negará três vezes".

Jesus selou a sua militância com o imperativo do amor. Pediu aos discípulos algo tão universal e, ao mesmo tempo, difícil: amar uns aos outros.

Pedro manifestou uma disposição heroica que, na prática, não se sustentava. E Jesus sabia disso. A narrativa de João, ao revelar a fraqueza de Pedro, comprova que o Evangelho evita toda visão triunfalista da Igreja, tão marcante na tradição posterior[79].

---

79. Um documento de Plínio o Jovem, que governou a Bitínia (região da Turquia) entre os anos de 110-112, revela como era uma comunidade cristã no século II. Em carta ao Imperador Trajano, escreve: "Eles (os cristãos, denunciados à autoridade), porém, afirmam que a acusação e o crime consistiam em que, habitualmente, em determinado dia, antes de o sol nascer (possivelmente no domingo), se reuniam e, alternadamente, cantavam louvores a Deus e se comprometiam sob juramento, não tendo em vista qualquer crime, a não cometerem furto, roubo, adultério, a não quebrar a confiança e não deixar de devolver bens entregues para serem guardados. Cumpridos estes ritos, costumavam se dispersar e depois se reunirem para uma ceia, mas uma ceia corriqueira e inocente. Mesmo isto teriam suspendido depois que receberam meu edito que, de acordo com vossas determinações, proibia as reuniões de heterias" (citado em BLANK, J. *Op. cit.*, pp. 163-164).

Também na luta contra a ditadura militar brasileira vi militantes professarem um heroísmo que não se confirmou ao caírem em mãos da repressão. Outros, que nunca posaram de heróis, como Frei Tito de Alencar Lima, tiveram comportamento exemplar em mãos de seus algozes, guardando-se no silêncio, apesar das torturas[80].

80. Cf. meu *Batismo de sangue* (Rocco) e *Um homem torturado: nos passos de Frei Tito de Alencar*, de Clarisse Meireles e Leneide Duarte-Plon (Civilização Brasileira).

Capítulo 14[81]

Jesus prosseguiu: "Não deixem o coração de vocês perturbado. Acreditem em Deus e também em mim. Existem muitas moradas na casa de meu Pai. Se não fosse assim, eu teria dito, porque vou preparar um lugar para vocês. E quando eu for e lhes tiver preparado um lugar, voltarei e levarei vocês comigo, para que, onde eu estiver, estejam vocês também. E para onde vou, vocês já conhecem o caminho".

Tomé disse a Jesus: "Senhor, se não sabemos para onde vai, como podemos conhecer o caminho?" Jesus respondeu: "*Eu sou* o Caminho[82], a Verdade e a Vida. Ninguém vai ao Pai senão por mim. Se me conhecem, conhecerão também meu Pai. Desde agora vocês O conhecem e já O viram".

---

81. "Agora se iniciam os quatro capítulos do último discurso de Jesus. Se fosse uma transcrição verbal do que Cristo falou, teria sido necessário um estenógrafo excepcional. É claro que, para formar esses discursos, João combinou algumas palavras que Jesus falou na última ceia com material disperso, proferido durante a vida pública. Os discursos dos primeiros doze capítulos dirigem-se principalmente aos incrédulos. O quarto evangelho concentra a nossa atenção para a mensagem de Jesus dirigida aos crentes, reunindo tudo o que se referia a isto em um só lugar. Os sinóticos trazem longos discursos formados por frases proferidas em ocasiões historicamente diferentes, por exemplo, o *Sermão da Montanha*, de Mateus. Aqui temos uma síntese joanina, o sermão mais sublime que jamais foi composto. Pairando entre o céu e a Terra, já na ascensão para a glória, Jesus fala como se ainda estivesse no mundo, mas também como quem já se foi. Este caráter atemporal, não espacial, dá ao discurso seu impressionante valor permanente" (BROWN, R.E. *Evangelho de João e Epístolas*, p. 121).

82. "Quando o homem pergunta pelo caminho, quer saber implicitamente o sentido e a finalidade de sua existência" (BLANK, J. *Op. cit.*, p. 85).

O momento era de muita tensão. Jesus tentou fortalecer sua comunidade na fé. Todos ali pressentiam que logo seria preso. O contrário do medo não é a coragem, é a fé, insisto.

Tomé, talvez o mais cético do grupo, entendeu literalmente as palavras de Jesus. E por isso indagou para onde ele iria.

Se considerarmos que este evangelho foi escrito anos após a ressurreição, a advertência de Jesus – "Não fique perturbado o coração de vocês. Acreditem em Deus e acreditem também em mim" – é, de fato, uma admoestação de João para que a comunidade primitiva não vacilasse na fé devido à ausência histórica de Jesus e às perseguições advindas tanto do paganismo romano quanto do fundamentalismo judaico.

> Filipe pediu a Jesus: "Senhor, mostra-nos o Pai e isso basta para nós". Jesus retrucou: "Faz tanto tempo que estou no meio de vocês, e você ainda não me conhece, Filipe? Quem me viu, viu o Pai. Como pede: 'Mostra-nos o Pai'? Não acredita que estou no Pai e o Pai em mim? As palavras que digo a vocês não digo por mim mesmo, mas o Pai, que permanece em mim, é que realiza Suas obras. Acreditem em mim: estou no Pai e o Pai em mim. Acreditem nisso, ao menos por causa dessas obras. Garanto a vocês: quem acredita em mim fará as obras que faço e fará maiores do que estas, porque vou para o Pai. O que pedirem em meu nome, eu farei, para que o Pai seja glorificado no Filho. Se pedirem qualquer coisa em meu nome, eu farei".

O pedido de Filipe me faz lembrar um episódio de infância. Eu devia ter 6 anos. Minha mãe perguntou o que eu desejava no Natal. Simplesmente pedi: "Quero ver Deus". Ela nada disse. Na véspera do dia 25 de dezembro sugeriu que meu irmão e eu colocássemos em uma caixa de papelão todas as roupas e brinquedos em bom estado, que poderiam ser úteis a crianças carentes. E lá fomos nós a um hospital pediátrico, onde havia uma ala para crianças internadas com câncer. Ali, distribuímos os presentes.

Na saída, ela me disse: "Gostou de ver Deus?" Fiquei sem entender. Ela explicou: "Filho, essas crianças são, como todos nós, imagem e semelhança de Deus. Ao vê-las e brincar com elas, você viu e brincou com Deus".

Com certeza isto é o mais difícil na prática cristã: reconhecer Deus no rosto do próximo, em especial naqueles com quem Jesus mais se identificou, os "condenados da Terra", na expressão de Frantz Fanon.

> "Se vocês me amam, haverão de abraçar os meus mandamentos. Então pedirei ao Pai, e Ele dará a vocês outro Advogado, para que permaneça com vocês para sempre[83]. Ele é o Espírito da Verdade, que o mundo não pode acolher, porque não O vê nem O conhece. Vocês O conhecem, porque Ele mora com vocês e estará com vocês."

João responde a uma indagação da comunidade primitiva: Como amar Jesus se ele já não se encontra historicamente presente? O amor supõe uma relação entre duas pessoas, não necessariamente que estejam presentes. Por isso, o evangelista afirma que amar Jesus é assumir o que ele pregou e ensinou. "Trata-se de assumir a 'práxis de Jesus' e nisso demonstramos o nosso amor a ele"[84].

A relação amorosa com Deus, invisível mas real, dá-se pela presença do Espírito Santo em nós. Jesus se referiu explicitamente ao Espírito Santo que habita nossos corações.

---

83. "Equivalente ao latim *advocatus*, a palavra grega *para-kletos* (paráclito) designa literalmente a pessoa 'chamada para junto' do réu a fim de auxiliá-lo em sua defesa" (BLANCHARD, Y.-M. *Op. cit.*, p. 103).

84. BLANK, J. *Op. cit.*, p. 116.

> "Não deixarei vocês órfãos, voltarei. Mais um pouco e o mundo não me verá, porém vocês me verão, porque vivo, e vocês também viverão. Nesse dia conhecerão que estou em meu Pai, vocês em mim e eu em vocês. Quem aceita meus mandamentos e a eles obedece, esse me ama. E quem me ama será amado por meu Pai. Eu também o amarei e me manifestarei a ele."

Jesus enfatizou o amor como fator de profunda simbiose entre o humano e o divino.

> Judas, não o Iscariotes, perguntou: "Senhor, por que se manifestará a nós e não ao mundo?" Jesus respondeu: "Se alguém me ama, guarda a minha palavra, e meu Pai o amará. Eu e meu Pai viremos e faremos nele a nossa morada. Quem não me ama, não guarda as minhas palavras. E a palavra que vocês ouvem não é minha, é do Pai que me enviou. Isso é o que eu tinha a dizer estando em companhia de vocês. Mas o Advogado, o Espírito Santo, que o Pai enviará em meu nome, ensinará tudo a vocês e fará lembrarem o que eu lhes disse".

Esse "Judas, não o Iscariotes", é hoje conhecido pela devoção católica como São Judas Tadeu. Era um dos 12 apóstolos, citado por Marcos (6,3) e Mateus (13,55-57) como irmão de Jesus. A ele é atribuída a autoria da *Carta de Judas* incluída no Novo Testamento.

Esse texto de João confirma que o ser humano é morada da Trindade – Pai, Filho e Espírito Santo. Nisso consiste a nossa "imagem e semelhança" de Deus (*Gênesis* 1,26-28).

> "Deixo a vocês a paz, eu lhes dou a minha paz. A paz que dou a vocês não é a paz que o mundo dá. Não fiquem perturbados, nem tenham medo. Vocês ouviram o que eu disse: 'Vou, mas voltarei a vocês'. Se me amassem, ficariam alegres porque vou para o Pai, pois o Pai é maior do que eu. Eu

> lhes digo isso agora, antes que aconteça, para que, quando acontecer, acreditem. Já não tenho muito tempo para falar com vocês, pois o príncipe deste mundo se aproxima. Ele não tem poder sobre mim, mas vem para que o mundo reconheça que amo o Pai, e é por isso que faço tudo o que o Pai me mandou. Levantem-se. Vamos sair daqui."

A paz não é a ausência de conflito, mas sobretudo a tranquilidade de espírito inclusive em situações conflagradas. O medo dificulta a nossa paz interior, suscita alucinações, provoca dispersão. E o contrário do medo não é a coragem, é a confiança em Deus ou na causa à qual dedicamos a nossa vida.

A paz social jamais resultará no equilíbrio de forças, como julgam hoje as nações metropolitanas que possuem arsenais nucleares. O profeta Isaías já dissera, muitos séculos antes de Cristo, que a paz será fruto da justiça (32,17). Enquanto não houver justiça no mundo, não se alcançará a paz.

O biblista Josef Blank observa que "recrimina-se o cristianismo por ter feito tão pouco, em sua história de dois mil anos, para conter ou eliminar guerras e outros conflitos sociais. A sociedade cristã-ocidental não conseguiu evitar os grandes conflitos sociais e ainda partiu para as conquistas coloniais, levando às colônias, em vez da paz do Evangelho, escravidão e dominação. Nos últimos trinta anos esta crítica, aliás justa, nos levou a refletir com maior empenho sobre a importância política do pensamento bíblico sobre a paz"[85].

---

85. BLANK, J. *Op. cit.*, p. 150.

Capítulo 15

> "Sou a verdadeira videira, e meu Pai é o agricultor. Todo ramo que não dá fruto em mim, o Pai corta. Os ramos que dão fruto, Ele os poda para que deem mais fruto ainda. Vocês já estão limpos por causa da palavra que lhes falei. Fiquem unidos a mim, e ficarei unido a vocês. O ramo que não fica unido à videira não pode dar fruto. Vocês também não poderão dar fruto se não ficarem unidos a mim. Sou a videira, e vocês são os ramos. Quem fica unido a mim, e eu a ele, dará muito fruto, porque sem mim vocês não podem fazer nada. Quem não fica unido a mim será jogado fora como um ramo e secará. Esses ramos são ajuntados, jogados no fogo e queimados."

Esse é um discurso ecoteológico de quem entende de agricultura. Pedagogo, Jesus utilizou uma alegoria tomada do cultivo de uvas, tão comum na Galileia.

> "Se ficam unidos a mim e minhas palavras permanecem em vocês, peçam o que quiserem e será concedido. A glória de meu Pai se manifesta quando vocês dão muitos frutos e se tornam meus discípulos. Assim como meu Pai me amou, também amei vocês: permaneçam no meu amor. Se obedecerem os meus mandamentos, permanecerão no meu amor, assim como obedeci aos mandamentos do meu Pai e permaneço no Seu amor. Disse isso para que a minha alegria esteja em vocês, e a alegria de vocês seja completa."

De novo, Jesus reforça o poder da oração, a exigência do amor, e completa com uma afirmação que deveria ter destituído o cristianismo de tudo aquilo que o caracteriza como uma religião de dor, sofrimento e culpa: "Disse isso para que a minha alegria esteja em vocês, e a alegria de vocês seja completa".

O biblista Josef Blank pondera: "Devemos concordar que os cristãos e as Igrejas, hoje em dia, não são os primeiros a irradiar alegria e isto certamente é um mau sinal. [...] A falta de alegria nas Igrejas teria sua origem, talvez, em uma incompreensão do Evangelho? Segundo o Novo Testamento, a alegria é fruto do amor ou do espírito, em união com a felicidade na comunhão com Deus. Comunica-se ao homem ao despertar nele a capacidade de amar. Legalidade com sua tabela de proibições causa medo. Práticas de opressão criam espírito servil e provocam inibições"[86].

> "O meu mandamento é este: amem-se uns aos outros, assim como amei vocês. Não existe maior amor do que dar a vida pelos amigos. Vocês são meus amigos se fizerem o que peço. Já não chamo vocês de discípulos, pois o discípulo não sabe o que seu mestre faz; chamo de amigos porque comuniquei a vocês tudo o que ouvi de meu Pai. Não foram vocês que me escolheram, eu escolhi vocês. Eu os destinei para ir e dar fruto, e para que o fruto de vocês permaneça. O Pai dará a vocês qualquer coisa que pedirem em meu nome. O que peço é isto: amem-se uns aos outros."

Mais uma vez, a ênfase no amor. Agora, selada pela amizade. "Fui eu que escolhi vocês" retrata o costume oriental de o mestre selecionar seus discípulos.

> "Se o mundo odiar vocês, saibam que odiou primeiro a mim. Se vocês fossem do mundo, o mundo amaria o que é dele. Mas o mundo odiará vocês

---

86. BLANK, J. *Op. cit.*, p. 173.

porque não são do mundo, pois os escolhi e os tirei do mundo. Lembrem-se do que eu disse: nenhum servo é maior do que seu senhor. Se perseguiram a mim, vão perseguir vocês também; se guardaram a minha palavra, guardarão também a palavra de vocês. Farão isso a vocês por causa de meu nome, pois não reconhecem Aquele que me enviou."

João escreveu seu evangelho décadas depois do assassinato e da ressurreição de Jesus. Agora, diante das perseguições movidas por fundamentalistas romanos e judeus, procura encorajar os cristãos ao estabelecer o paralelo entre eles e o que havia ocorrido a Jesus.

Não há em João nenhum desprezo pelo mundo – aliás, criado por Deus! Logo no início de seu evangelho ele frisa que "de tal modo Deus amou o mundo, que lhe deu seu Filho único, para que todo o que nele crer não pereça, mas tenha a vida eterna" (3,16). Aqui mundo tem o significado de valores contrários aos que Jesus anunciou.

"Desde a perseguição de Nero, no ano 64 d.C., surgiram ocasiões constantes de representantes do Estado romano se mostrarem hostis aos cristãos. Finalmente, a redação do *Evangelho de João* coincide provavelmente com a época imediatamente após a perseguição de Dominiciano (95 d.C.) e o martírio do bispo Inácio de Antioquia (107/110 d.C.). O tema das 'comunidades perseguidas' era, pois, mais do que atual"[87].

"É impressionante observar quão rápido e até então insegura a Igreja, perseguida, mas nem sempre e em toda parte, se acomodou ao novo *status*. Não demorou muito e se utilizou, contra

87. BLANK, J. *Op. cit.*, pp. 178-179.

os divergentes e apóstatas, os hereges e os judeus, dos mesmos métodos de opressão que suportou durante três séculos"[88].

> "Se eu não tivesse vindo e não tivesse falado a eles, não seriam culpados de pecado. Mas, agora, não têm nenhuma desculpa do seu próprio pecado. Quem me odeia, odeia também meu Pai. Se eu não tivesse feito no meio deles obras como nenhum outro fez, não seriam culpados de pecado. Mas viram o que fiz e, apesar disso, odiaram a mim e a meu Pai. Desse modo se realiza o que está escrito na Lei deles: 'Odiaram-me sem motivo'"[89].

João se sentia incomodado, para dizer o mínimo, com a incompreensão dos judeus fundamentalistas frente às comunidades cristãs, muitas delas integradas por judeus convertidos à proposta de Jesus.

> "O Advogado, que mandarei a vocês de junto do Pai, é o Espírito da Verdade que procede do Pai. Quando vier, dará testemunho de mim. Vocês também darão testemunho de mim, porque estão comigo desde o começo."

De novo, Jesus anuncia a vinda do Espírito Santo.

---

88. BLANK, J. *Op. cit.*, p. 188. Foi o Imperador Teodósio o Grande (379-395) que, no ano 380, publicou o edito promovendo o cristianismo a religião oficial do Estado.

89. *Salmo* 34,19; 69,5.

Capítulo 16

> "Eu disse tudo isso para que vocês não se acovardem. Expulsarão vocês das sinagogas. E chegará a hora em que alguém, ao matá-los, pensará que oferece um sacrifício a Deus. Eles agirão assim porque não conhecem o Pai nem a mim. Afirmo tudo isso para que, ao chegar a hora, vocês se lembrem do que eu disse."

Nos primórdios das comunidades cristãs, elas se reuniam nas sinagogas, que, nas cidades e nos povoados, funcionavam como lugar de culto e centro comunitário. Como os adeptos do Movimento de Jesus faziam críticas ao legalismo judaico e eram acusados de serem cúmplices da destruição do Templo de Jerusalém no ano 70, as sinagogas fecharam as portas a eles. João, então, coloca na boca de Jesus palavras de alento aos cristãos perseguidos.

> "Não lhes disse tudo isso desde o começo porque estava com vocês. Mas agora vou para Aquele que me enviou. E ninguém pergunta para onde vou? Mas porque eu lhes disse essas coisas, a tristeza encheu o coração de vocês. Entretanto, digo a verdade: é melhor para vocês que eu vá, porque, se eu não for, o Advogado não virá a vocês. Mas se eu for, O enviarei. Quando o Advogado vier, vai desmascarar o mundo, mostrando quem é pecador, quem é justo e quem é condenado. Quem é pecador? Aqueles que não acreditaram em mim. Quem é o Justo? *Sou eu*. Mas vocês não me verão mais, porque vou para o Pai. Quem é o condenado? É o príncipe deste mundo, que já foi condenado."

João explica às comunidades cristãs primitivas por que Jesus ressuscitou e a presença do Espírito Santo enviado por ele.

> "Ainda tenho muito a dizer, mas agora vocês não seriam capazes de suportar. Quando vier o Espírito da Verdade, ele os encaminhará para toda a verdade, porque o Espírito não falará em Seu próprio nome, mas dirá o que escutou e anunciará o que vai acontecer. O Espírito da Verdade manifestará a minha glória, porque vai receber aquilo que é meu, e interpretará para vocês. Tudo o que pertence ao Pai é meu também. Por isso eu disse: o Espírito receberá aquilo que é meu, e interpretará para vocês."

Eis a garantia da presença do Espírito de Deus nas comunidades. A verdade de Deus e a verdade de Cristo formam uma unidade inseparável.

> "Daqui a pouco vocês não me verão mais, porém, mais um pouco, e me tornarão a ver." Alguns discípulos comentaram: "O que ele quer dizer com isso: 'daqui a pouco não me verão mais, porém, mais um pouco, e me tornarão a ver?' E ainda: 'Vou para o Pai'?" E diziam: "O que significa esse 'um pouco'? Não compreendemos o que ele quer dizer".
>
> Jesus percebeu que lhe queriam fazer perguntas. E disse: "Vocês estão discutindo porque falei: 'Daqui a pouco não me verão mais, porém, mais um pouco, e me tornarão a ver'? Eu garanto: vocês vão gemer e se lamentar, enquanto o mundo vai se alegrar. Vocês ficarão angustiados, mas a angústia se transformará em alegria. Quando a mulher está para dar à luz, sente angústia, porque chegou a sua hora. Mas quando a criança nasce, ela nem se lembra mais da aflição, porque fica alegre por ter posto uma pessoa no mundo. Agora, vocês também estão angustiados. Mas quando tornarem a me ver, ficarão alegres, e essa alegria ninguém tirará de vocês. Nesse dia vocês não me farão mais perguntas. Eu

> asseguro: se pedirem alguma coisa a meu Pai em meu nome, Ele concederá. Até agora vocês não pediram nada em meu nome: peçam e receberão, para que a alegria de vocês seja completa".

De novo Jesus insiste que sua proposta é fator de alegria e felicidade, apesar dos sofrimentos na militância. As primeiras comunidades cristãs passavam por perseguições, difamações, torturas e prisões no fim do século I, mas João assegura que "a angústia de vocês se transformará em alegria".

> "Até agora falei a vocês através de comparações. Chega a hora em que não falarei mais através de comparações, mas claramente a respeito do Pai. Nesse dia vocês pedirão em meu nome e não será necessário que eu os recomende ao Pai, pois o próprio Pai ama vocês, porque vocês me amaram e acreditaram que saí de junto de Deus. Saí de junto do Pai e vim ao mundo; agora deixo o mundo e volto ao Pai." Os discípulos disseram: "Agora fala claramente e sem comparações. Agora sabemos que você sabe todas as coisas, e que é inútil alguém lhe fazer perguntas. Agora sim, acreditamos que saiu de junto de Deus".
>
> Jesus indagou: "Agora vocês acreditam? Chegou a hora em que vocês se dispersarão, cada um para o seu lado, e me deixarão sozinho. Mas não estou sozinho, pois o Pai está comigo. Eu disse essas coisas para que vocês tenham a minha paz. Neste mundo terão aflições, mas tenham coragem; eu venci o mundo".

Jesus questionou a fé dos discípulos e exortou-os à coragem. Muitos ainda esperavam que fosse restaurar o reino de Davi. E previu que, quando a repressão se abatesse sobre ele, muitos o deixariam sozinho, como de fato aconteceu. Só as mulheres não o abandonaram.

Capítulo 17[90]

> Após falar essas coisas, Jesus ergueu os olhos ao céu e disse: "Pai, chegou a hora. Glorifica Teu Filho, para que o Filho glorifique a Ti, pois lhe deste poder sobre todos os homens, para que ele dê vida eterna a todos aqueles que destes a ele. Ora, a vida eterna é esta: que conheçam a Ti, o único Deus verdadeiro, e aquele que enviaste, Jesus Cristo[91]. Eu Te glorifiquei na Terra, completei a obra que me deste para fazer. Agora, Pai, glorifica-me junto a Ti, com a glória que eu tinha junto de Ti antes que o mundo existisse".

Jesus iniciou então uma longa oração de profunda densidade teológica. Todo o capítulo é dedicado à solene oração.

Como João redigiu esse seu relato décadas depois da ressurreição, as comunidades cristãs já dispunham de uma teologia mais elaborada.

---

90. Todo o capítulo 17 traz o que a tradição denomina de "oração sacerdotal de Jesus". Sacerdotal não no sentido clerical, e sim de intermediação entre Deus e a humanidade. A biblista Annie Jaubert chama a atenção para o fato de que todos os discursos e orações contidos na Bíblia não foram, evidentemente, gravados ou anotados por seus ouvintes. Segundo ela, "todos os especialistas – sejam quais forem – estão de acordo em pensar que esses discursos trazem a marca do autor do evangelho. Não são a transcrição de palavras literais de Jesus" (JAUBERT, A. *Op. cit.*, p. 16).

91. "O termo 'conhecimento' é usado com frequência no quarto evangelho para manifestar a relação viva do homem com Deus, à imagem dos laços que unem Pai e Filho (7,28-29). A expressão não deve ser reduzida ao sentido moderno do verbo 'conhecer'. Trata-se de algo inteiramente diferente do simples procedimento intelectual que mantém o objeto do saber à distância para melhor dominá-lo. Ao contrário do método científico, o 'conhecer' bíblico sugere uma intensa comunhão entre pessoas ou mesmo relações íntimas entre um casal (Abraão conheceu Sara etc.)" (BLANCHARD, Y.-M. *Op. cit.*, p. 101).

> "Manifestei o Teu nome às pessoas que me deste do meio do mundo. Elas eram Tuas e Tu as deste a mim, e elas guardaram a Tua palavra. Agora conhecem que tudo o que me deste provém de Ti, e que as palavras que eu lhes dei são aquelas que Tu me deste. Elas as receberam e conheceram verdadeiramente que saí de junto de Ti, e acreditaram que Tu me enviaste. Peço por elas. Não peço pelo mundo, mas por aqueles e aquelas que me deste, porque são Teus. E tudo o que é meu é Teu, e tudo o que é Teu é meu, e assim sou glorificado nelas. Já não estou no mundo. Elas permanecem no mundo, enquanto vou para junto de Ti.
>
> Pai santo, guarda-os em Teu nome, o nome que Tu me deste, para que eles sejam um, assim como nós somos um. Quando estava com eles, eu os guardava em Teu nome, o nome que Tu me deste. Eu os protegi e nenhum deles se perdeu, a não ser o filho da perdição, para que se cumprisse a Escritura. Agora vou para junto de Ti. Entretanto, continuo a dizer essas coisas neste mundo para que eles possuam toda a minha alegria. Dei a eles a Tua palavra, e o mundo os odiou, porque não pertencem ao mundo, como não pertenço ao mundo."

A observação de que nenhum dos discípulos se perdeu, "a não ser o filho da perdição, para que se cumprisse a Escritura", reflete uma teologia expiatória, muito em voga na época. Como se a traição de Judas Iscariotes e o assassinato de Jesus tivessem sido eventos anteriormente previstos pelas Escrituras sagradas, como no roteiro de uma peça teatral. Ora, isso significaria atribuir a Deus a maldade de usar Judas como um joguete sórdido, destinado a desempenhar um papel execrável.

É notável que em uma oração de despedida, na qual Jesus presumiu sua morte trágica, ele ainda tenha insistido em ressaltar a exuberância de sua felicidade: "Continuo a dizer essas coisas neste mundo para que eles possuam toda a minha alegria".

Nas entrelinhas do que João descreve, na longa oração de Jesus, percebe-se uma ênfase constante na unidade das primeiras comunidades cristãs, nas quais havia muitas polêmicas e tendências devido à diversidade de procedência dos fiéis (uns vindos do judaísmo, outros do paganismo, e ainda outros de movimentos esotéricos e gnósticos).

> "Não Te peço para tirá-los do mundo, mas para guardá-los do Maligno. Eles não pertencem ao mundo, como não pertenço ao mundo. Consagra-os com a verdade: a verdade é a Tua palavra. Assim como Tu me enviaste ao mundo, também os enviei ao mundo. Em favor deles eu me consagro, a fim de que também sejam consagrados com a verdade.
>
> Não Te peço só por estes, mas também por aqueles que acreditarão em mim por causa da palavra dos meus discípulos, para que todos sejam um, como Tu, Pai, estás em mim e eu em Ti. E para que também eles estejam em nós, a fim de que o mundo acredite que Tu me enviaste. Eu mesmo dei a eles a glória que Tu me deste, para que sejam um como nós somos um. Eu neles e Tu em mim, para que sejam perfeitos na unidade, e para que o mundo reconheça que Tu me enviaste e que os amaste, como amaste a mim.
>
> Pai, aqueles que Tu me deste, quero que estejam comigo onde eu estiver, para que contemplem a minha glória que Tu me deste, pois me amaste antes da Criação do mundo.
>
> Pai justo, o mundo não Te reconheceu, mas eu Te reconheci. Estes também reconheceram que Tu me enviaste. E eu tornei o Teu nome conhecido para eles. E continuarei a torná-lo conhecido, para que o amor com que me amaste esteja neles, e eu esteja neles."

Vê-se que João está preocupado com a unidade entre as primeiras comunidades cristãs, nas quais havia diversidade étnica e cultural e muitos enfoques teológicos distintos. É provável que essa oração tenha inspirado São João da Cruz[92] a produzir estes versos que sintetizam a experiência mística: "Ó noite que juntaste / Amado com amada / amada já no Amado transformada"[93].

92. Místico espanhol (1542-1591).

93. "Noite escura".

Capítulo 18

> Tendo dito isso, Jesus saiu com seus discípulos e foi para o outro lado do riacho do Cedron, onde havia um jardim. Entrou com os discípulos. Já havia se reunido ali muitas vezes com eles[94]. Por isso, Judas, que decidiu trair Jesus, também conhecia o lugar. Judas convocou uma tropa[95] e alguns guardas dos chefes dos sacerdotes e fariseus, e chegou ao jardim com lanternas, tochas e armas.

Do "outro lado do riacho do Cedron" fica o Monte das Oliveiras. Hoje, a via fluvial está muito poluída por ter servido, durante décadas, de depósito de esgotos.

Judas Iscariotes guiou os guardas do Templo até Jesus. A referência de João a "lanternas e tochas" comprova que Jesus foi preso durante a madrugada.

Alguns manuscritos antigos registram que Jesus foi preso por soldados romanos comandados por um tribuno romano[96] – "pormenor que pode muito bem indicar que Pilatos estava a par da prisão"[97].

---

94. Trata-se do Monte das Oliveiras, conhecido também por Jardim das Oliveiras. Ali há muitas grutas, e Jesus costumava se abrigar nelas ou se refugiar para orar.

95. A referência à tropa permite supor que os guardas do Templo foram acompanhados por soldados romanos.

96. Segundo *Atos dos Apóstolos* 21-24, Cláudio Lísias era um tribuno e comandante (quiliarca) da guarnição romana de Jerusalém.

97. BROWN, R.E. *Evangelho de João e Epístolas*, p. 147.

> Jesus, que sabia tudo que lhe aconteceria, saiu e perguntou a eles: "Quem estão procurando?" Responderam: "Jesus de Nazaré". Jesus disse: "*Sou eu*". Judas, o traidor, também estava com eles. Quando Jesus disse "*Sou eu*", eles recuaram e caíram no chão[98]. Então Jesus perguntou de novo: "Quem vocês procuram?" Eles responderam: "Jesus de Nazaré". Jesus falou: "Já lhes disse que *sou eu*. Se estão me procurando, deixem os outros irem embora". Era para se cumprir a Escritura que diz: "Não perdi nenhum daqueles que me deste".

Jesus quis poupar seus discípulos. Por isso teve a coragem de se identificar e evitar que também fossem aprisionados.

> Simão Pedro tinha uma espada. Desembainhou-a e feriu o empregado do sumo sacerdote, decepando-lhe a orelha direita. O nome do empregado era Malco. Mas Jesus disse a Pedro: "Guarde a espada na bainha. Por acaso não beberei o cálice que o Pai me deu?" A tropa, o comandante e os guardas do Templo prenderam e amarraram Jesus.

O fato de Pedro possuir uma arma comprova que Jesus não era um pacifista sectário, desses que descartam qualquer ação de autodefesa. Porém, diante do desequilíbrio de forças, deu-se conta de que não convinha o enfrentamento.

Beber o cálice que o Pai lhe deu significa assumir até o fim o projeto libertador de Deus na história humana.

> A primeira coisa que fizeram foi levar Jesus até Anás, sogro de Caifás, sumo sacerdote naquele ano. Caifás é aquele que tinha dado um conselho aos judeus: "É preciso que um homem morra pelo povo".

Anás era um político de grande prestígio. Tinha sido sumo sacerdote do ano 6 ao 15. Mesmo tendo sido deposto pelos roma-

98. *Salmo* 70,3.

nos, conseguiu empossar na mesma função cinco filhos, o genro (Caifás) e um neto.

Foi uma medida ilegal conduzir Jesus a Anás, por não ser mais sumo sacerdote e a lei proibir interrogatórios noturnos. Mas todo o processo de Jesus foi juridicamente ilegal.

> Simão Pedro e o outro discípulo seguiam Jesus. Esse discípulo era conhecido do sumo sacerdote, e entrou com Jesus no pátio do sumo sacerdote. Mas Pedro ficou fora, perto da porta. Então o outro discípulo, conhecido do sumo sacerdote, saiu, conversou com a porteira e levou Pedro para dentro. A porteira perguntou a Pedro: "Você também não é um dos discípulos desse homem?" Pedro reagiu: "Eu não". Os servos e os guardas acenderam uma fogueira para se esquentar, porque fazia frio. Pedro foi se esquentar junto com eles.

João não identifica quem era "o outro discípulo conhecido do sumo sacerdote". Supõe-se que seja ele mesmo. Pedro ficou fora porque, além de não ser conhecido, havia cortado a orelha do funcionário do sumo sacerdote.

> O sumo sacerdote interrogou Jesus a respeito de seus discípulos e ensinamentos. Jesus respondeu: "Falei às claras para o mundo. Sempre ensinei nas sinagogas e no Templo, onde todos os judeus se reúnem. Não falei nada escondido. Por que me interroga? Pergunte aos que ouviram o que falei. Eles sabem o que eu disse".

Jesus desconversou ao ser interrogado por Anás, a quem João se refere, indevidamente, como "sumo sacerdote". Mas, como diz o ditado, quem foi rei não perde a majestade... Os ex-presidentes do Brasil não são chamados de "presidente"?

O réu não negou o conteúdo de sua pregação. Reafirmou que foi pública e, em geral, em lugares "sagrados" – sinagogas e no

Templo de Jerusalém. O povo sabia o que ele havia dito. Seria a sua melhor testemunha de defesa.

> Quando Jesus falou isso, um dos guardas deu-lhe uma bofetada e disse: "É assim que respondes ao sumo sacerdote?" Jesus respondeu: "Se falei mal, mostre o que há de mal. Mas se falei bem, por que me tortura?" Então Anás mandou Jesus, amarrado, para o sumo sacerdote Caifás.

Os interrogadores notaram a ironia da resposta de Jesus, considerada ofensiva à autoridade política-religiosa. Por isso, um dos guardas iniciou a sessão de sevícias.

O poder opressivo não suporta a inteligência. Diante dela, reage com ignorância, como tantas vezes presenciei durante os 21 anos de ditadura militar no Brasil (1964-1985). Lembro-me que, ao ser interrogado na Auditoria Militar de São Paulo, em 1971, o Juiz Nelson da Silva Machado Guimarães reagiu indignado diante de minhas respostas evasivas: "Sei que você acha tudo isso aqui uma bobagem". Permaneci calado. Estou convencido de que se sentiu incomodado com minha serenidade perante o tribunal militar.

> Simão Pedro ainda estava no pátio se esquentando. Perguntaram a ele: "Você também não é um dos discípulos dele?" Pedro negou: "Eu não". Então um dos servos do sumo sacerdote, parente daquele a quem Pedro tinha decepado a orelha, disse: "Por acaso não vi você no jardim com ele?" Pedro negou de novo. E, na mesma hora, o galo cantou.

Pedro negou três vezes, como Jesus previra. Nem por isso foi considerado traidor. Havia fraquejado, o que é muito diferente de se aliar ao inimigo e favorecê-lo, como fez o Iscariotes.

O canto do galo nos faz entender que amanhecia. Jesus havia passado a noite submetido a interrogatórios do sumo sacerdote.

De Caifás, levaram Jesus para o palácio do governador. Era de manhã. Mas eles não entraram no palácio, pois não queriam ficar impuros e, assim, impedidos de comer a ceia pascal. Então Pilatos saiu e conversou com eles: "Que acusação apresentam contra este homem?" Eles responderam: "Se não fosse malfeitor, não o teríamos trazido até aqui". Pilatos disse: "Encarreguem-se vocês mesmos de julgá-lo, conforme a lei de vocês". Os judeus responderam: "Não temos permissão de condenar ninguém à morte".

Era para se cumprir o que Jesus tinha dito, significando o tipo de morte que teria.

O governo da Judeia estava em mãos de Pôncio Pilatos, procurador romano, submetido ao governador da Síria, Vitélio. Pilatos morava em Cesareia, no litoral, mas subia a Jerusalém por ocasião das grandes festas. Os judeus já haviam se purificado para a Páscoa e, por isso, estavam impedidos de pisar um solo pagão, como era o Pretório, o palácio do governador.

Pilatos preferia não se envolver nas polêmicas judaicas. Mas os carrascos de Jesus deixaram claro que pretendiam matá-lo e, na ocasião, estavam proibidos pelos romanos de aplicarem a pena de morte judaica, que consistia no apedrejamento ou na lapidação. Portanto, Jesus só poderia ser morto se fosse aplicada a pena de morte romana: a crucificação.

Pilatos entrou de novo no palácio. Chamou Jesus e perguntou: "Você é o rei dos judeus?" Jesus retrucou: "Você diz isso por si mesmo ou foram outros que lhe disseram isso a meu respeito?" Pilatos reagiu: "Por acaso sou judeu? O seu povo e os chefes dos sacerdotes o entregaram a mim. O que aprontou?" Jesus objetou: "O meu reino não é deste mundo. Se o meu reino fosse deste mundo, meus guardas lutariam para que eu não fosse entregue às autoridades dos judeus. Mas agora o meu reino não é daqui".

> Pilatos disse a Jesus: "Então você é rei?" Jesus respondeu: "É você quem diz que sou rei. Nasci e vim ao mundo para dar testemunho da verdade. Todo aquele que está com a verdade ouve a minha voz". Pilatos indagou: "O que é a verdade?"

A Pilatos pouco importavam as questões religiosas dos judeus. Ele só poderia se envolver se o réu fosse acusado de sedição política. E foi exatamente o que fizeram as autoridades do Sinédrio ao denunciar que Jesus se considerava "rei dos judeus". Isso soou como grave acusação aos romanos, que tinham Tibério César como único rei de todo o império, inclusive dos judeus.

Jesus reagiu com habilidade ao interrogatório. Ao devolver a pergunta do governador, sugeriu a Pilatos que ele poderia estar sendo manipulado pelo Sinédrio. Pilatos se esquivou, fez de conta que ignorou a acusação das autoridades judaicas e proferiu uma pergunta direta: "O que aprontou?" Jesus também se esquivou ao afirmar que o reino dele não era daqui, era de outro modelo, o Reino de Deus, baseado, nas relações pessoais, no amor e, nas relações sociais, na partilha dos bens.

Pilatos, confuso, insistiu na pergunta se, então, Jesus era rei. Mais uma vez o réu devolveu a acusação ao acusador: "É você quem diz que sou rei". E mudou de tema ao definir-se como senhor da verdade.

> Ao dizer isso, Pilatos saiu ao encontro das autoridades dos judeus, e disse-lhes: "Não encontro nele nenhum motivo de condenação. Contudo, existe um costume entre vocês: que eu solte um prisioneiro na Páscoa. Querem que solte o 'rei dos judeus'?" Então a turba começou a gritar de novo: "Ele não. Solte Barrabás". Barrabás era um bandido.

Pilatos pareceu convencido de que Jesus não era culpado. Talvez um provocador que, para irritar as autoridades judaicas, dizia-se rei. Embora tivesse poder para liberar Jesus, não quis desagradar o Sinédrio. Lembrou-se do costume de, na Páscoa, conceder-se anistia ou indulto a um prisioneiro. Ocorre que os algozes de Jesus estavam cercados de seus apoiadores. Portanto, não foi difícil induzi-los a sugerir o nome de "um bandido", Barrabás, provavelmente alguém que, como muitos na época, ousara lutar contra a ocupação romana da Palestina.

Foi "a turba, instigada pelas autoridades", que gritou apelando pela soltura de Barrabás. Fica claro que os manifestantes que se encontravam próximos do palácio do governador romano eram todos manipulados pelo Sinédrio.

Capítulo 19

> Pilatos mandou torturar Jesus. Os soldados trançaram uma coroa de espinhos e a colocaram na cabeça do prisioneiro. Vestiram Jesus com um manto vermelho. Aproximavam-se dele e caçoavam: "Salve, rei dos judeus!" E lhe davam bofetadas.

A lei romana não permitia castigar um homem sem o devido processo legal, exceto se fosse escravo. Pilatos, para agradar seus súditos, abusou do próprio poder. E, para ridicularizar Jesus, permitiu que coroassem o "rei dos judeus" com uma coroa de espinhos e o cobrissem com um manto vermelho, usual na vestimenta dos imperadores romanos.

> Pilatos saiu de novo e disse: "Vejam. Vou mandar trazer aqui fora o homem, para que saibam que não encontro nenhuma culpa nele". Então Jesus foi levado para fora. Ostentava a coroa de espinhos e o manto vermelho. Pilatos disse-lhes: "Eis o homem!" Ao avistar Jesus, os chefes dos sacerdotes e os guardas começaram a gritar: "Crucifique. Crucifique". Pilatos disse-lhes: "Cuidem vocês mesmos de crucificá-lo, pois não encontro nenhum crime nele". Os judeus responderam: "Temos uma lei, e segundo a lei ele deve morrer porque se fez Filho de Deus". Ao ouvir essas palavras, Pilatos ficou com mais medo ainda.

O governador, de novo, admitiu não ver razão para condenar Jesus. Supôs que torturá-lo e ridicularizá-lo seria suficiente para aplacar a ira do poder judaico. No entanto, a turba, instigada pelas autoridades, clamava para que a pena de morte fosse aplicada ao Nazareno. Pilatos cedeu e entregou Jesus a seus acusadores. Foi então que soube de mais uma grave acusação: a de que Jesus se considerava "Filho de Deus". O título era uma usurpação que violava as leis de Israel e de Roma. De Israel, por Jesus se apresentar como Messias (*Levítico* 24,16). De Roma, por usurpar um título usado pelos imperadores.

> Pilatos entrou outra vez no palácio e perguntou a Jesus: "De onde você é?" Mas Jesus permaneceu calado. Pilatos se exasperou: "Não me responde? Não sabe que tenho autoridade para soltá-lo ou crucificá-lo?" Jesus observou: "Você não teria nenhuma autoridade sobre mim se ela não lhe fosse dada por Deus. Por isso, aquele que me entregou a você tem pecado maior". Por saber que as autoridades judaicas eram responsáveis pela prisão de Jesus, Pilatos se esforçava para soltá-lo.

Jesus não reconhecia a autoridade de Pilatos. Por isso não lhe respondeu "O que é a verdade?", nem de onde procedia.

> Porém, a turba gritava: "Se você soltar esse homem, não é amigo de César. Todo aquele que pretende ser rei, se coloca contra César". Ao ouvir essas palavras, Pilatos levou Jesus para fora, obrigou-o a sentar numa cadeira de juiz, no lugar chamado "Pavimento", que em hebraico se diz "Gábata"[99]. Era véspera da Páscoa, por volta do meio-dia. Pilatos disse aos judeus: "Aqui está o rei de vocês". Eles começaram a gritar: "Fora! Fora! Crucifique". Pilatos perguntou: "Devo crucificar o rei de vocês?" Os chefes dos sacerdotes responderam: "Não temos outro rei além de César". Finalmente, Pilatos entregou Jesus a eles para que fosse crucificado.

---

99. Trata-se de um enorme pavimento de imensa pedra lavrada, hoje visível após escavações no local da antiga Fortaleza Antônia, que servia de palácio a Pilatos quando subia a Jerusalém.

Diante da dúvida de Pilatos, os apoiadores do Sinédrio foram instigados a usar outra tática – jogar o governador contra o imperador. Se Jesus se arvorava em "rei dos judeus", que tinham Tibério César como suprema majestade, como soltar tal usurpador? Pilatos capitulou de vez e, após debochar dos acusadores, entregou Jesus para ser crucificado[100].

Mais uma vez João marca a hora: "por volta de meio-dia"...

> Jesus carregou a cruz nas costas e saiu para um local chamado "Lugar da Caveira", que em hebraico se diz "Gólgota". E aí o crucificaram com outros dois homens, um de cada lado.

Comparado aos relatos de Mateus e Lucas, João é lacônico. Em duas frases resume o assassinato de Jesus por razões políticas.

> Pilatos mandou fazer uma placa e pregou-a na cruz. Estava escrito: JESUS NAZARENO, O REI DOS JUDEUS. Muitos judeus puderam ver a placa, porque o lugar em que Jesus foi crucificado ficava perto da cidade. A placa estava escrita em hebraico, latim e grego. Então os chefes dos sacerdotes disseram a Pilatos: "Não deixe escrito: 'O rei dos judeus', mas coloque: 'Este homem disse: Eu sou o rei dos judeus'. Pilatos reagiu: 'O que escrevi está escrito'".

Pilatos tudo fez para se eximir de culpa. E não parou de debochar, como a placa que mandou afixar no alto da cruz.

As autoridades protestaram, muitos poderiam interpretar que o governador romano reconhecia Jesus como rei dos judeus. Pilatos, no entanto, manteve o escrito, pois estava ressentido com

---

100. Pilatos implantou uma política fortemente repressora na Judeia e na Samaria, o que levou o Governador Vitélio, da Síria, a quem se submetia, a mandá-lo de volta a Roma para responder às denúncias contra ele perante o Imperador Tibério. Este faleceu antes da chegada de Pilatos. Eusébio, historiador da Igreja primitiva, acreditava que Pilatos cometeu suicídio.

a pressão que o Sinédrio fizera sobre ele, a ponto de levá-lo a executar um provável inocente.

Os três idiomas da placa eram usuais na época. O hebraico era, e ainda é, falado pelos israelitas e também por palestinos; o latim era o idioma dos dominadores romanos, como autoridades interventoras, oficiais e soldados; e o grego se utilizava muito nas relações comerciais, como hoje o inglês.

> Quando crucificaram Jesus, os soldados repartiram as roupas dele em quatro porções. Uma porção para cada soldado. Deixaram de lado a túnica. Era uma túnica sem costura, feita de uma peça única, de cima até em baixo. Então combinaram: "Não vamos repartir a túnica. Vamos tirar a sorte, para ver com quem fica". Isso era para se cumprir a Escritura que diz: "Repartiram minha roupa e sortearam minha túnica"[101]. E foi assim que os soldados fizeram.

Jesus, como a maioria de seus conterrâneos, devia trajar apenas uma tanga e, por cima, a túnica. Provavelmente trazia também, por ser época de frio, um manto, como aparece no capítulo 13 ao descrever a cerimônia do lava-pés.

A túnica inconsútil, embora usada pelo sumo sacerdote (e, com certeza, feita em fino e caro tecido), era uma veste de pobre: tomava-se um tecido qualquer, media-se a estatura do usuário de frente e de costas e fazia-se um buraco no meio para permitir que entrasse a cabeça.

> A mãe de Jesus, a irmã da mãe dele, Maria de Cléofas e Maria Madalena se encontravam junto à cruz. Jesus viu sua mãe e, ao lado dela, o discípulo que ele amava. Então disse à mãe: "Mulher, eis aí o seu filho". Em seguida, ao discípulo: "Eis aí a sua mãe". E dessa hora em diante, o discípulo a recebeu em sua casa.

---

101. *Salmo* 22,18-19.

Ao lado de Maria, mãe de Jesus, estava "o discípulo que ele amava", ou seja, provavelmente o próprio João, autor do evangelho[102].

Era da cultura da época o filho, ao se dirigir à mãe, dizer "Mulher", e não "Mãe". É o que, em gramática, chama-se idiotismo. Foi a mesma expressão utilizada por Jesus nas bodas de Caná.

Madalena foi fiel discípula de Jesus. Jamais o abandonou. Não há nenhum indício de que teria sido prostituta, como a tradição a considerou.

Brown[103] salienta que "João, testemunha ocular, cita quatro mulheres que estavam ao pé da cruz: a) Maria, mãe de Jesus; b) a irmã dela, cujo nome se desconhece (Salomé? – isso faria do evangelista um primo de Jesus); c) Maria, mulher de Cléofas (mãe de Tiago e José); d) Maria Madalena. Entretanto b) e c) podem ser lidos como explicação apositiva, de onde resultaria que Maria, mulher de Cléofas, era a irmã da Virgem, mas não parece provável haver duas irmãs com o mesmo nome"[104].

> Depois disso, ciente de que tudo estava realizado para que se cumprisse a Escritura, Jesus disse: "Tenho sede"[105]. Havia ali uma jarra cheia de vinagre. Amarraram uma esponja ensopada de vinagre numa vara, e aproximaram a esponja da boca de Jesus[106]. Ele tomou o vinagre e disse: "Tudo se cumpriu". E ao inclinar a cabeça, entregou o espírito.

---

102. O advérbio "provavelmente" cabe aqui porque não há consenso, entre os estudiosos da Bíblia e, em especial, do *Evangelho de João*, quanto à identidade do "Discípulo Amado", citado seis vezes por João. A maioria tende a acreditar que se tratava do próprio autor do evangelho. Mas há quem suponha se referir a Lázaro, irmão de Marta e Maria, ou mesmo outro discípulo.

103. BROWN, R.E. *Evangelho de João e Epístolas*, p. 159.

104. Discordo de Brown. Tenho duas irmãs com o mesmo nome Maria: Maria Cecília e Maria Thereza.

105. *Salmo* 22,16.

106. *Salmo* 68,22.

João, como os demais evangelistas, escreveu o seu relato "de olho no espelho retrovisor", ou seja, no Primeiro Testamento. Por isso, assinala a morte de Jesus como culminância e realização de tudo aquilo que fora previsto pelos profetas e salmistas.

Jesus morreu como um "maldito", segundo *Deuteronômio* 21,22-23: "Quando um homem tiver cometido um crime que deve ser punido com a morte, e for executado por enforcamento numa árvore, o seu cadáver não poderá ficar ali durante a noite, mas tu o sepultarás no mesmo dia; pois aquele que é pendurado é objeto de maldição divina".

Com que idade Jesus foi assassinado? Segundo Antonio Piñero, professor de Filologia Grega da Universidade Complutense de Madri, especialista em Linguística e Literatura do Cristianismo Primitivo e um dos autores do livro *La verdadera Historia de la Pasión*[107], não se pode afirmar que Jesus morreu aos 33 anos. O monge Dionísio, que no século VI calculou o início da era cristã a partir do nascimento de Jesus, equivocou-se. Herodes o Grande, rei da Judeia, a quem é atribuído o massacre dos bebês em Belém (*Mateus* 2,16), morreu no ano 4 a.C. Portanto, Jesus teria nascido no ano 5 ou 6 a.C.

Pôncio Pilatos ocupou o cargo de interventor romano na Palestina entre os anos 29 e 37. E foi ele quem condenou Jesus à morte na cruz. Portanto, Jesus, ao morrer, teria de 34 a 39 anos.

Para se aproximar de uma data exata, Antonio Piñero considera ser preciso uma investigação astronômica. "Ele morreu em uma sexta-feira com lua cheia, na Páscoa. Por isso, sabe-se que 15 de Nisã – o primeiro dos 12 meses do calendário judaico –, quando se comemora a Páscoa judaica, reunia essas condições" entre os anos citados. "O resultado é que há duas opções: 7 de

107. PIÑERO, A.; GÓMEZ SEGURA, E. *La verdadera Historia da la Pasión*: según la investigación y el estudio histórico. Madri: Edaf, 2008.

abril do ano 30, Cristo teria morrido com 36 anos, e 3 de abril de 33, Cristo teria 39", assegura. Piñero considera mais provável 7 de abril do ano 30 como data da morte de Jesus[108].

> Era dia de preparativos para a Páscoa. Os judeus queriam evitar que os corpos ficassem na cruz, porque aquele sábado era muito solene para eles. Pediram que Pilatos mandasse quebrar as pernas dos crucificados e os tirasse da cruz. Os soldados foram e quebraram as pernas de um, e depois, do outro, que foram crucificados com Jesus. E se aproximaram de Jesus. Vendo que já se encontrava morto, não lhe quebraram as pernas, mas um soldado lhe atravessou o lado com uma lança, e imediatamente saiu sangue e água.
>
> E aquele que viu dá testemunho, e o seu testemunho é verdadeiro. Ele sabe que diz a verdade, para que também vocês acreditem.
>
> Aconteceu isso para se cumprir a Escritura: "Não quebraram nenhum osso dele"[109]. E outra passagem diz: "Olharão para aquele que transpassaram"[110].

Era sexta-feira. Ao brilhar a primeira estrela no céu já seria considerado sábado e os judeus já podiam comer o cordeiro pascal.

---

108. "A data da morte de Jesus, não no dia da Páscoa, como dizem os sinóticos, mas na véspera dessa grande festa judaica, parece muito mais digna de crédito. De fato, é pouco verossímil que uma execução capital tenha ocorrido em um dia tão sagrado como o da Páscoa. [...] A cronologia joanina é a principal fonte dos que ousam situar a morte de Jesus em 7 de abril de 30, em um ano do governo de Pilatos em que a Páscoa judaica coincidiu com o sábado, dia de descanso em Israel. Eis por que a Ceia de quinta-feira, mencionada pelos sinóticos e indiretamente por João (13,1-30), não seria uma refeição propriamente pascal, no sentido judaico do termo, mas isso não impediu sua releitura pascal à luz da ressurreição" (BLANCHARD, Y.-M. *Op. cit.*, p. 32).

109. *Êxodo* 12,46.

110. *Zacarias* 12,10.

O crurifrágio, que consistia em quebrar as pernas dos condenados para apressar-lhes a morte, era aplicado enquanto ainda estavam vivos. Por isso Jesus foi poupado.

A associação da morte de Jesus ao cordeiro pascal – daí ele ser chamado de Cordeiro de Deus – é uma ilação teológica de João. Todos os evangelistas buscaram no Primeiro Testamento citações para legitimar a militância de Jesus, assim como na América Latina, sob as ditaduras militares das décadas de 1960-1980, comparavam-se os ditadores ao faraó do Egito e as lutas revolucionárias à dos hebreus em busca de sua libertação.

> José de Arimateia era discípulo de Jesus, mas às escondidas, porque tinha medo das autoridades judaicas. Depois disso, foi pedir a Pilatos para retirar o corpo de Jesus. Pilatos deu autorização. Então ele foi e retirou o corpo de Jesus. Nicodemos também foi. Nicodemos era aquele que antes tinha ido de noite encontrar-se com Jesus. Levou mais de trinta quilos de uma mistura de mirra e resina perfumada[111]. Então retiraram o corpo de Jesus e o enrolaram com panos de linho junto com os perfumes, do jeito que os judeus costumam sepultar.
>
> No lugar onde Jesus fora crucificado havia um jardim; ali existia um túmulo no qual ninguém ainda tinha sido sepultado. Por causa do dia de preparativos para a Páscoa, e porque o túmulo estava próximo, lá colocaram Jesus.

Em todos os processos políticos libertadores há adeptos "às escondidas", com medo da repressão policial. Pessoas que, discretamente, dão apoio a quem explicitamente toma posição. Isso me aconteceu quando estive comprometido com a Ação Libertadora Nacional (ALN), comandada por Carlos Marighella, entre 1967 e

111. "Resina perfumada" trata-se de aloé ou babosa. A excessiva quantidade é ressaltada por João para significar que Jesus teve um sepultamento régio.

1969, na resistência à ditadura militar implantada no Brasil entre 1964-1985. Um exemplo foi a família do parasitologista e sanitarista Samuel Pessoa, que deu corajoso respaldo aos frades dominicanos envolvidos na luta por democracia.

O apreço de Arimateia e Nicodemos por Jesus evitou que seu corpo fosse atirado à vala comum dos condenados à morte. E, por serem homens de posse, tiveram condições de dar ao Nazareno um sepultamento digno, com o corpo enrolado em linho, envolto em ervas aromáticas e depositado em um túmulo de pedra que ainda não havia sido utilizado.

Capítulo 20

> No primeiro dia da semana, Maria Madalena foi ao túmulo de Jesus de madrugada, quando ainda estava escuro. Viu que a pedra tinha sido retirada do túmulo. Então correu e foi encontrar Simão Pedro e o outro discípulo que Jesus amava. E disse a eles: "Tiraram do túmulo o Senhor, e não sabemos onde o colocaram".

"Primeiro dia da semana" era o posterior ao sábado, hoje conhecido como domingo, palavra que procede do latim *Dominicus dies*, "Dia do Senhor". No nosso calendário denominamos os dias da semana, na língua portuguesa, de segunda-feira, terça-feira etc. Em princípio, o dia posterior ao sábado deveria ser chamado de primeira-feira. Os cristãos, entretanto, denominaram-no domingo, por ter sido o dia da ressurreição do Senhor.

Maria Madalena era mulher de coragem. Mal esperou terminar a festa da Páscoa, que coincidiu com o descanso sabático, para prantear Jesus e cuidar do túmulo. Ao verificar que a pedra que servia de porta ao túmulo escavado na rocha havia sido retirada, correu para avisar Pedro e João. Ela ainda não havia se deparado com a ressurreição. Supôs que o corpo havia sido roubado.

> Pedro e o outro discípulo foram ao túmulo. Os dois corriam juntos. Mas o outro discípulo correu mais depressa do que Pedro, e chegou primeiro. Inclinando-se, viu os panos de linho no chão, mas não entrou. Então Pedro, que vinha correndo atrás, também chegou e entrou no túmulo. Viu os panos de linho estendidos no chão e o sudário usado para

cobrir a cabeça de Jesus. O sudário não estava com os panos de linho no chão; encontrava-se dobrado em um lugar à parte.

O outro discípulo, que chegara primeiro ao túmulo, entrou também. Viu e acreditou. De fato, eles ainda não tinham compreendido a Escritura que diz: "Ele deve ressuscitar dos mortos". Os discípulos voltaram para casa.

Pela descrição, vê-se que os companheiros de Jesus eram jovens. Todos corriam... João, talvez o mais jovem, que nunca explicita seu nome, deveria ter 20 anos.

A dupla de apóstolos deduziu, pelos sinais, que Jesus havia ressuscitado. Mas não viram o Senhor. Um dos sinais era o fato de o sudário não estar junto com os panos de linho no chão. Ora, se o corpo tivesse sido roubado, o sudário não estaria dobrado.

Maria tinha ficado do lado de fora, chorando junto ao túmulo. Enquanto ainda chorava, inclinou-se e olhou para dentro do túmulo. Viu dois anjos vestidos de branco, sentados onde o corpo de Jesus tinha sido colocado, um na cabeceira e outro nos pés. Os anjos perguntaram: "Mulher, por que chora?" Ela respondeu: "Porque levaram o meu Senhor, e não sei onde o colocaram".

Após dizer isso, Maria virou-se e viu Jesus de pé; mas não o reconheceu. Jesus perguntou: "Mulher, por que chora? Quem você procura?" Maria pensou que fosse o jardineiro, e disse: "Se foi o senhor que levou Jesus, diga-me onde o colocou e irei buscá-lo". Jesus disse: "Maria". Ela se virou e exclamou em hebraico: *Rabuni!*[112] (que quer dizer "Mestre"). Jesus disse: "Não me segure, porque ainda não voltei para o Pai. Mas diga aos meus irmãos: 'Subo para junto do meu Pai, que é Pai de

112. Expressão afetuosa.

> vocês, do meu Deus, que é o Deus de vocês'". Maria Madalena partiu e anunciou aos discípulos: "Vi o Senhor". E contou o que Jesus havia dito.

É emblemático que a primeira testemunha da ressurreição tenha sido uma mulher. Viu o que Pedro e João não viram: o próprio Jesus ressuscitado! Este decidiu se mostrar, primeiro, a uma mulher! De início, ela avistou um homem e pensou que fosse o jardineiro. Isso me leva a perguntar: Quantas vezes não vemos o jardineiro, o faxineiro, o catador de material reciclável, a mulher que pede esmolas na esquina, e não reconhecemos se tratar do próprio Jesus?[113]

Foi pela voz dele, ao pronunciar-lhe o nome, que Madalena reconheceu Jesus. E o teria abraçado com afeto se o Ressuscitado não tivesse alertado: "não me segure". E a enviou para anunciá-lo aos discípulos. Com toda razão, em 2016 o papa Francisco declarou Maria Madalena "apóstola dos apóstolos", expressão cunhada por Santo Tomás de Aquino[114].

Segundo Frei Jacir de Freitas Faria, doutor em Teologia Bíblica, esse reencontro de Madalena com Jesus "é uma releitura do livro *Cântico dos Cânticos* (3,1-6) que conta a história de uma mulher que sai à noite do seu leito, da casa da sua mãe, e sai à procura de seu amado nas praças e jardins. Ela encontra guardas e pergunta: Vistes o amado de minha alma? Ela promete que, encontrando-o, o agarraria e o levaria para a casa da sua mãe para viver o amor em plenitude. *Cântico dos Cânticos* é um livro escrito por mulheres para desafiar a visão machista de Esdras, que exigiu que os homens abandonassem suas mulheres estrangeiras para purificação da raça de Israel, na volta do Exílio Babilônico

113. *Mateus* 25,37-39.

114. SANTO TOMÁS DE AQUINO. *In Ioannem Evangelistam Expositio*, c. XX, L. III, 6.

(587-536 a.C.). Muitos elementos de *Cântico dos Cânticos* (3,1-6) estão presentes na perspectiva do amor em *João* (20,1-8)"[115].

> Era o primeiro dia da semana. Ao anoitecer desse dia, já fechadas as portas do lugar onde se achavam os discípulos por medo das autoridades, Jesus entrou. Ficou no meio deles e disse: "A paz esteja

115. YouTube: Frei Jacir Bíblia e Apócrifos. IHU, 22 jul. 2023. O biblista acrescenta ao artigo: "Madalena carrega dentro de si a fé que iria encontrar Jesus. Ela não sabia como, mas o seu desejo era maior que as limitações de um guarda que vigiava o sepulcro. Na tradição de João, ela se encontra com dois anjos, que são a presença terna e eterna de Deus. Quem tem fé ama, não tem medo. O medo não nos deixa ver, nem com os olhos, nem com o coração. Madalena diz a seus companheiros: 'Eu vi o Senhor. Eu vi Jesus ressuscitado'. Sua fé é tamanha que tudo transcende. Ver é crer nos evangelhos, diferente do escutar para os judeus. Madalena *ama*. Ela não tem medo. O amor ressuscita as pessoas. Elas continuam vivas dentro de nós, ainda que ausentes. Por isso sofremos a morte de quem amamos e não sofremos com a morte de quem não era próximo afetivamente.

"O túmulo de Jesus é o vazio, o nada, o silêncio. É cada um de nós morto com aquele(a) que jaz eternamente. É o *vazio existencial* mesclado com o *desejo de trazer de volta* aquele que amamos. É um amontoado de pedras que guarda o amor de nossas vidas. Perto de um túmulo, um jardim, flores, símbolos da gratidão, do desejo e da saudade do amado que partiu. Nas flores, o fim da saudade, o deixar o amado partir. As lágrimas por alguém que morreu se cristalizam nas *flores de um túmulo*. Essas flores não murcham nunca, pois vivem dentro de quem ficou. A vida é assim. Chega um momento que não é mais possível chorar pelo ente querido. Ai de nós se as flores não existissem para catalisar as relações humanas no momento da partida. As flores expressam o fim das saudades.

"Com as flores, a saudade: vontade de ver e encontrar de novo o amado. A saudade é quase como a morte. Ela é tão forte que só quem a experimentou de verdade sabe o quanto dói. Ter saudade é o mesmo que buscar no mais profundo de nós as lembranças do(a) amado(a). E essa tarefa parece não terminar. Para alguns é infindável, só termina quando o coração se sente possuído pelo amor eterno, que não morre mais. E saudade deixa de ser a morte, pois o amado passa a viver para sempre e sempre viverá ainda que ausente.

"No encontro com o amado, o desejo de tocá-lo e agarrá-lo: vontade de possuir para sempre o amado. É corporeidade sem limites. Maria Madalena quer tocar Jesus. Jesus diz para Maria Madalena: 'Vá e diga aos apóstolos, teus companheiros de caminhada, que eu volto para a casa de meu Pai'. Seja você força na caminhada deles. E eles estarão com você no caminho do amor. Maria Madalena, nesse momento, compreende que Jesus vive dentro dela. Não há mais o que procurar a não ser ela mesma. Isso é ressurreição!"

> com vocês". Ao dizer isso, mostrou-lhes as mãos e o lado. Então os discípulos ficaram contentes por ver o Senhor.

Como registra João, os discípulos se mantinham escondidos em Jerusalém. Temiam ser alcançados pela repressão que abateu o Mestre. Este aparece entre eles e expressa uma típica saudação israelita: "A paz esteja com vocês". A narrativa faz supor que os discípulos não o reconheceram de imediato. Foi preciso exibir os ferimentos recebidos na crucificação. Então, o medo deu lugar à alegria.

A ressurreição de Jesus é uma questão de fé. Conheci muitas pessoas que abraçam a proposta de Jesus sem, no entanto, acreditarem que ressuscitou. Algumas opinam que, diante do aparente fracasso do Movimento que ele desencadeou, os discípulos decidiram "levantar, sacudir a poeira e dar a volta por cima", como sugere a música de Paulo Vanzolini. E, assim, teriam dito que o viram redivivo.

Ora, há dois fatores que intrigam os estudiosos. Primeiro, já havia, no tempo de Jesus, a crença na reencarnação, como alguns supunham que Jesus fosse a reencarnação do profeta Elias ou de João Batista (*Mateus* 16,14). Mas não na ressurreição, exceto três casos citados no Primeiro Testamento (*1Reis* 17,22; *2Reis* 4,8-37; *2Reis* 13,20-21). Nem entre os imperadores romanos, que se divinizavam, há casos de ressurreição.

Outro detalhe que chama a atenção dos críticos literários é o fato de Jesus ressuscitado mostrar aos discípulos as feridas no corpo. Ora, um autor que criasse um personagem ressuscitado tenderia a descrevê-lo com um corpo perfeito, luminoso talvez, glorificado. Esse aparente paradoxo, de um ressuscitado que ainda possui sequelas da crucificação, induz a pensar que se tratou de um fato objetivo.

> Jesus disse de novo a eles: "A paz esteja com vocês. Assim como o Pai me enviou, também envio vocês". Após dizer isso, Jesus soprou sobre eles[116], dizendo: "Recebam o Espírito Santo. Os pecados daqueles que vocês perdoarem serão perdoados. Os pecados daqueles que vocês não perdoarem não serão perdoados".

Aqui se nota claramente que João descreve um Jesus missionário para legitimar o sacerdócio nas primeiras comunidades cristãs. E comprova que, ao contrário do que reza a tradição, o Espírito Santo não foi dado à Igreja apenas em Pentecostes (*Atos dos Apóstolos* 2), e sim na ressurreição.

> Tomé, chamado Gêmeo, que era um dos Doze, não estava com eles quando Jesus veio. Os outros discípulos disseram a ele: "Vimos o Senhor". Tomé duvidou: "Se eu não vir a marca dos pregos nas mãos de Jesus, se não tocar o meu dedo na marca dos pregos, e se não colocar a minha mão no lado dele, não acreditarei".
>
> Uma semana depois, os discípulos estavam reunidos de novo. Dessa vez, Tomé se encontrava com eles. Já fechadas as portas, Jesus entrou. Ficou no meio deles e disse: "A paz esteja com vocês". Em seguida dirigiu-se a Tomé: "Estenda aqui o seu dedo e veja as minhas mãos. Estenda a sua mão e toque o meu lado. Não seja incrédulo, mas tenha fé". Tomé exclamou: "Meu Senhor e meu Deus!"[117] Jesus disse: "Você acreditou porque viu? Felizes os que acreditaram sem ter visto".

---

116. "Sopra sobre eles como Deus tinha soprado sobre Adão (*Gênesis* 2,7) – em grego é a mesma palavra –, quando lhe infundiu o espírito de vida: Jesus os cria de novo com o Espírito Santo" (BROWN, R.E. *Evangelho de João e Epístolas*, p. 167).

117. *Salmo* 34,23.

Quais os sinais que nos permitem, hoje, celebrar a ressurreição de Jesus? 1) O "tom de voz de Jesus", ou seja, a sua palavra registrada nos evangelhos; 2) a fé convicta das primeiras comunidades cristãs de que, em Jesus, a vida derrotou a morte; 3) o amor que entrelaça seus discípulos e move tantas pessoas a darem a vida por outras; 4) a "fração do pão", ou seja, a partilha dos bens que asseguram vida, como no episódio de Emaús[118] e nas comidas compartilhadas nas aparições de Jesus a seus discípulos.

> Jesus realizou diante dos discípulos muitos outros sinais que não estão escritos neste livro. Estes sinais foram escritos para que vocês acreditem que Jesus é o Messias, o Filho de Deus. E, acreditando, tenham vida em seu nome.

Para alguns biblistas, João termina aqui seu relato evangélico. O capítulo seguinte seria um apêndice feito por seus discípulos. Outros negam, frisando que o estilo é o mesmo dos capítulos anteriores.

118. *Lucas* 24,13-35.

Capítulo 21

Jesus apareceu aos discípulos na margem do Lago de Tiberíades. Estavam juntos Simão Pedro; Tomé, chamado Gêmeo; Natanael de Caná da Galileia; os filhos de Zebedeu e outros dois discípulos de Jesus. Simão Pedro avisou: "Vou pescar". Eles concordaram: "Também vamos". Saíram e entraram na barca. Mas naquela noite não pescaram nada.

Ao amanhecer, Jesus estava na margem. Os discípulos não perceberam que era Jesus. Ele perguntou: "Rapazes, têm algo para comer?" Diante da resposta negativa, aconselhou: "Joguem a rede do lado direito da barca e acharão peixe". Jogaram a rede e não conseguiam puxá-la para fora, de tanto peixe que pegaram. O discípulo que Jesus amava chamou a atenção de Pedro: "É o Senhor!" Simão Pedro, ao ouvir isso, vestiu a roupa, pois estava nu, e pulou dentro d'água.

Os outros discípulos foram na barca, que se encontrava a uns cem metros da margem. Eles arrastavam a rede com os peixes. Logo que pisaram em terra firme, viram ali um peixe na brasa e pão. Jesus disse: "Tragam alguns peixes que acabaram de pescar". Simão Pedro subiu na barca e arrastou a rede para a praia. Estava cheia, continha cento e cinquenta e três peixes grandes. Apesar de tantos peixes, a rede não arrebentou.

Jesus insistiu: "Vamos, comam". Nenhum dos discípulos se atrevia a perguntar quem era ele, pois sabiam que era o Senhor. Jesus tomou o pão e distribuiu a eles. Fez o mesmo com o peixe.

Essa foi a terceira vez que Jesus, ressuscitado dos mortos, apareceu aos discípulos.

As duas primeiras aparições se deram em Jerusalém. Esta terceira, na Galileia. O relato comprova que, após a ressurreição, os apóstolos prosseguiram em seu ofício de pesca.

Jesus se adiantou aos discípulos, pois quando desembarcaram ele já se encontrava na praia grelhando peixe. E como o grupo era numeroso, pediu: "Tragam alguns peixes que acabaram de pescar".

De novo, Jesus partilhou o pão e o peixe.

A referência a "cento e cinquenta e três peixes grandes" é, segundo São Jerônimo – que traduziu a Bíblia do grego para o latim –, baseada na zoologia grega que supunha existirem exatamente 153 espécies de peixes.

Depois de comerem, Jesus perguntou a Simão Pedro: "Simão, filho de João, você me ama mais do que os outros?" Pedro confirmou: "Sim, Senhor, você sabe que o amo". Jesus disse: "Cuide dos meus cordeiros". Jesus perguntou de novo a Pedro: "Simão, filho de João, você me ama?" Pedro respondeu: "Sim, Senhor, sabe que eu o amo". Jesus disse: "Tome conta das minhas ovelhas". Pela terceira vez Jesus perguntou a Pedro: "Simão, filho de João, você me ama?" Então Pedro ficou triste, porque Jesus perguntou três vezes se ele o amava. Disse a Jesus: "Senhor, você conhece tudo, e sabe que eu o amo". Jesus disse: "Cuide das minhas ovelhas. Garanto a você: quando era mais moço, você colocava o cinto e ia para onde queria. Quando ficar mais velho, estenderá as suas mãos e outro colocará o cinto em você e o levará para onde você não quer ir". Jesus falou isso aludindo ao tipo de morte com que Pedro iria glorificar a Deus. E acrescentou: "Siga-me".

Eis a reabilitação de Pedro: após ter negado Jesus três vezes, três vezes Jesus indagou se ele o amava.

Como um ramo da comunidade joanina, nós, católicos, nos sentimos satisfeitos com o fato de o papel pastoral de Pedro ser verdadeiramente querido pelo Senhor ressuscitado, mas a presença em nossas Escrituras de um discípulo a quem Jesus amava mais que a Pedro é um comentário eloquente do valor relativo do cargo eclesiástico. O cargo de autoridade é necessário porque deve ser cumprida uma missão e a unidade deve ser preservada, mas a escala de poder em vários cargos não é necessariamente a escala da estima e do amor de Jesus.

Nos dias de hoje, quando os católicos discutem "a autoridade do papa, bispos, sacerdotes e até dos leigos, e quando os cristãos discutem se as mulheres deveriam ser ordenadas ministras da eucaristia, a voz de João faz-se ouvir em advertência. A maior dignidade que se deve ambicionar não é nem a papal, nem a episcopal, nem a sacerdotal; é a de pertencer à comunidade dos discípulos amados de Jesus Cristo"[119].

> Pedro virou-se e viu atrás dele aquele outro discípulo que Jesus amava, o mesmo que estivera bem perto de Jesus durante a ceia e havia perguntado: "Senhor, quem irá traí-lo?" Ao ver aquele discípulo, Pedro perguntou a Jesus: "Senhor, o que acontecerá a ele?" Jesus respondeu: "Se eu quiser que ele viva até que eu venha, o que você tem a ver com isso? Quanto a você, siga-me".
>
> Correu a notícia entre os irmãos de que aquele discípulo não morreria. Porém, Jesus não disse que ele não morreria, apenas afirmou: "Se eu quiser que ele viva até que eu venha, o que importa a você?"

Na Igreja primitiva havia certa competição entre as diferentes comunidades, como ainda hoje é comum. Esse relato traduz

119. BROWN, R.E. *A comunidade do Discípulo Amado*, p. 171.

uma ponta de ciúme de Pedro em relação a João. Jesus foi enfático na resposta, até mesmo um pouco brusco.

> Este é o discípulo que deu testemunho dessas coisas e as escreveu. E sabemos que o seu testemunho é verdadeiro.
> Jesus fez ainda muitas outras coisas. Se fossem contadas uma por uma, penso que não caberiam no mundo os livros que seriam escritos.

É meritório que João se refira a si mesmo, em todo o seu evangelho, como "discípulo", e não como "apóstolo". E fica o nosso lamento pelo fato de o autor ter deixado de nos contar as "muitas outras coisas" feitas por Jesus, ainda que não escrevesse uma biblioteca.

Referências

BARREIRO, Á. *Vimos a sua glória*: como Jesus vê e olha e como é visto e olhado no evangelho de João. São Paulo: Paulinas, 2005.

BLANCHARD, Y.-M. *São João*. São Paulo: Paulinas, 2004.

BLANK, J. *O evangelho segundo João – 2ª parte*. Petrópolis: Vozes, 1988.

BROWN, R.E. *A comunidade do Discípulo Amado*. São Paulo: Paulus, 1999.

BROWN, R.E. *Evangelho de João e Epístolas*. São Paulo: Paulinas, 1975.

COMBLIN, J. *Jesus, enviado do Pai*. São Paulo: Paulus, 2009.

DE LA CALLE, F. *A teologia do quarto evangelho*. São Paulo: Paulinas, 1978.

DODD, C.H. *A interpretação do Quarto Evangelho*. São Paulo: Teológica, 2003.

Evangelho de João e Apocalipse. São Paulo/São Leopoldo: Paulus/Centro de Estudos Bíblicos (Cebi), 2000. [Autoria anônima]

FLANAGAN, N.M. João. *In*: BERGANT, D.; KARRIS, R.J. (orgs.). *Comentário bíblico – vol. III*. São Paulo: Loyola, 1999. pp. 109-142.

HOORNAERT, E. *Em busca de Jesus de Nazaré*. São Paulo: Paulus, 2016.

HORSLEY, R.A. *Bandidos, profetas e Messias*: movimentos populares no tempo de Jesus. São Paulo: Paulus, 1995.

JAUBERT, A. *Leitura do evangelho segundo João*. São Paulo: Paulinas, 1982.

KONINGS, J. *Evangelho segundo João*. São Paulo: Loyola, 2005.

MARQUES, M.A.; NAKANOSE, S. *Entendendo o Evangelho de João*. São Paulo: Paulus, 2015.

MEIRELES, C.; DUARTE-PLON, L. *Um homem torturado*: nos passos de Frei Tito de Alencar. Rio de Janeiro: Civilização Brasileira, 2014.

MESTERS, C. *"Senhor, dá-me dessa água!"*: o diálogo da samaritana com Jesus. São Leopoldo: Centro de Estudos Bíblicos (Cebi), 1997.

MESTERS, C.; LOPES, M. *O avesso é o lado certo*: Círculos Bíblicos sobre o Evangelho de Lucas. São Leopoldo: Centro de Estudos Bíblicos (Cebi); São Paulo: Pia Sociedade Filhas de São Paulo, 1998.

MYERS, C. *O Evangelho de São Marcos*. São Paulo: Paulinas, 1992.

NAKANOSE, S. (coord.). *Da comunidade nasce a nova vida! Evangelho de João*: roteiros e subsídios para encontros. São Paulo: Paulus, 2000.

O Evangelho de São João: caderno de estudo bíblico. Campinas: Cedet, 2015.

ODORÍSSIO, M. *Evangelho de João*: texto e comentário, leitura facilitada. São Paulo: Ave-Maria, 2000.

PIÑERO, A.; GÓMEZ SEGURA, E. *La verdadera Historia da la Pasión*: según la investigación y el estudio histórico. Madri: Edaf, 2008.

RUBEAUX, F. *"Mostra-nos o Pai"*: uma leitura do quarto evangelho. Belo Horizonte: Centro de Estudos Bíblicos (Cebi), 1989.

SPICQ, C. *O amor de Deus revelado aos homens nos escritos de São João*. São Paulo: Paulinas, 1981.

SUETÔNIO. *A vida dos doze Césares*. Brasília, DF: Senado Federal, 2012. (Edições do Senado Federal, 171)

Obras do autor

(Livraria virtual: freibetto.org)

Edições nacionais

1 – *Cartas da prisão* – 1969-1973. Rio de Janeiro: Agir, 2008. [Essas cartas foram publicadas anteriormente em duas obras – *Cartas da prisão* e *Das catacumbas*. Rio de Janeiro: Civilização Brasileira. *Cartas da prisão*, editada em 1974, teve a 6ª edição lançada em 1976. Nova edição: São Paulo: Companhia das Letras, 2017.]

2 – *Das catacumbas*. Rio de Janeiro: Civilização Brasileira, 1976 [3. ed., 1985]. – Obra esgotada.

3 – *Oração na ação*. Rio de Janeiro: Civilização Brasileira, 1977 [3. ed., 1979]. – Obra esgotada.

4 – *Natal, a ameaça de um menino pobre*. Petrópolis: Vozes, 1978. – Obra esgotada.

5 – *A semente e o fruto, Igreja e comunidade*. 3. ed. Petrópolis: Vozes, 1981. – Obra esgotada.

6 – *Diário de Puebla*. Rio de Janeiro: Civilização Brasileira, 1979 [2. ed., 1979]. – Obra esgotada.

7 – *A vida suspeita do subversivo Raul Parelo* [contos]. Rio de Janeiro: Civilização Brasileira, 1979 [esgotada]. Reeditada sob o título de *O aquário negro*. Rio de Janeiro: Difel, 1986. Nova edição do Círculo do Livro, 1990. Em 2009 foi lançada pela Agir nova edição revista e ampliada. Rio de Janeiro. – Obra esgotada.

8 – *Puebla para o povo*. Petrópolis: Vozes, 1979 [4. ed., 1981].

9 – *Nicarágua livre, o primeiro passo.* Rio de Janeiro: Civilização Brasileira, 1980. Dez mil exemplares editados em Jornalivro, São Bernardo do Campo: ABCD – Sociedade Cultural, 1981. – Obra esgotada.

10 – *O que é Comunidade Eclesial de Base.* 5. ed. São Paulo: Brasiliense, 1985. Coedição Abril (São Paulo, 1985) para bancas de revistas e jornais. – Obra esgotada.

11 – *O fermento na massa.* Petrópolis: Vozes, 1981. – Obra esgotada.

12 – *CEBs: rumo à nova sociedade.* 2. ed. São Paulo: Paulinas, 1983. – Obra esgotada.

13 – *Fogãozinho, culinária em histórias infantis* [com receitas de Maria Stella Libanio Christo]. Rio de Janeiro: Nova Fronteira, 1984 [3. ed., 1985]. Nova edição da Mercuryo Jovem, São Paulo, 2002 [7. ed.].

14 – *Fidel e a religião: conversas com Frei Betto.* São Paulo: Brasiliense, 1985 [23. ed., 1987]. Edição do Círculo do Livro, São Paulo, 1989 [esgotada]. 3. ed., ampliada e ilustrada com fotos. São Paulo: Companhia das Letras/Fontanar, 2016.

15 – *Batismo de sangue: os dominicanos e a morte de Carlos Marighella.* Rio de Janeiro: Civilização Brasileira, 1982 [7. ed., 1985]. Reeditado pela Bertrand do Brasil (Rio de Janeiro, 1987) [10. ed., 1991]. São Paulo: Círculo do Livro, São Paulo, 1982. [Em 2000 foi lançada a 11ª edição revista e ampliada (*Batismo de sangue: a luta clandestina contra a ditadura militar – Dossiês Carlos Marighella & Frei Tito*) pela Casa Amarela, São Paulo. Em 2006, foi lançada a 14ª edição, revista e ampliada, pela Rocco.]

16 – *OSPB: introdução à política brasileira.* São Paulo: Ática, 1985 [18. ed., 1993]. – Obra esgotada.

17 – *O dia de Angelo* [romance]. São Paulo: Brasiliense, 1987 [3. ed., 1987]. São Paulo: Círculo do Livro, 1990. – Obra esgotada.

18 – *Cristianismo & marxismo*. 3. ed. Petrópolis: Vozes, 1988.

19 – *A proposta de Jesus – Catecismo Popular, vol. I*. São Paulo: Ática, 1989 [3. ed., 1991]. – Obra esgotada.

20 – *A comunidade de fé – Catecismo Popular, vol. II*. São Paulo: Ática, 1989 [3. ed., 1991]. – Obra esgotada.

21 – *Militantes do reino – Catecismo Popular, vol. III*. São Paulo: Ática, 1990 [3. ed., 1991]. – Obra esgotada.

22 – *Viver em comunhão de amor – Catecismo Popular, vol. IV*. São Paulo: Ática, 1990 [3. ed., 1991]. – Obra esgotada.

23 – *Frei Tito de Alencar Lima*. São Paulo: CPDDH/Centro Ecumênico de Publicações e Estudos, 1991.

24 – *Espiritualidade dominicana: seguir Jesus nos passos de Domingos – subsídios para a formação dominicana*. São Paulo: Escola Dominicana de Teologia, 1981.

25 – *Novena de São Domingos: subsídios para a formação dominicana – escrito na prisão de Presidente Venceslau*. São Paulo: Escola Dominicana de Teologia, 1972.

26 – *Catecismo popular* [versão condensada]. São Paulo: Ática, 1992 [2. ed., 1994]. – Obra esgotada.

27 – *Lula: biografia política de um operário*. São Paulo: Estação Liberdade, 1989 [8. ed., 1989]. *Lula: um operário na Presidência*. ed. revisada e atualizada. São Paulo: Casa Amarela, 2003.

28 – *A menina e o elefante* [infantojuvenil]. São Paulo: FTD, 1990 [6. ed., 1992]. [Em 2003 foi lançada nova edição revista pela Editora Mercuryo Jovem, São Paulo, 3. ed.]

29 – *Fome de pão e de beleza*. São Paulo: Siciliano, 1990.

30 – *Uala, o amor* [infantojuvenil]. São Paulo: FTD, 1991 [12. ed., 2009]. [Nova edição, 2016.]

31 – *Sinfonia universal: a cosmovisão de Teilhard de Chardin*. 5. ed. São Paulo: Ática, 1997. [A 1ª ed. foi editada pelas Letras & Letras, São Paulo, 1992 – 3. ed., 1999.] Petrópolis: Vozes, 2011.

32 – *Alucinado som de tuba* [romance]. São Paulo: Ática, 1993 [20. ed., 2000].

33 – *Por que eleger Lula presidente da República* [cartilha popular]. São Bernardo do Campo: FG, 1994. – Obra esgotada.

34 – *O paraíso perdido: nos bastidores do socialismo*. 2. ed. São Paulo: Geração, 1993 [2. ed., 1993]. [Na edição atualizada, ganhou o título *O paraíso perdido: viagens ao mundo socialista*. Rio de Janeiro: Rocco, 2015.]

35 – *Cotidiano & mistério*. São Paulo: Olho d'Água, 1996. [2. ed., 2003]. – Obra esgotada.

36 – *A obra do Artista: uma visão holística do universo*. São Paulo: Ática, 1995 [7. ed., 2008]. Rio de Janeiro: José Olympio, 2011.

37 – *Comer como um frade: divinas receitas para quem sabe por que temos um céu na boca*. Rio de Janeiro: Francisco Alves, 1996 [2. ed., 1997]. Rio de Janeiro: José Olympio, 2003.

38 – *O vencedor* [romance]. São Paulo: Ática, 1996 [15. ed., 2000].

39 – *Entre todos os homens* [romance]. São Paulo: Ática, 1997 [8. ed., 2008]. [Na edição atualizada, ganhou o título *Um homem chamado Jesus*. Rio de Janeiro: Rocco, 2009.]

40 – *Talita abre a porta dos evangelhos*. São Paulo: Moderna, 1998. – Obra esgotada.

41 – *A noite em que Jesus nasceu*. Petrópolis: Vozes, 1998. – Obra esgotada.

42 – *Hotel Brasil* [romance policial]. 2. ed. São Paulo: Ática, 1999. [Na edição atualizada, ganhou o título *Hotel Brasil: o mistério das cabeças degoladas*. Rio de Janeiro: Rocco, 2010.]

43 – *A mula de Balaão*. São Paulo: Salesiana, 2001.

44 – *Os dois irmãos*. São Paulo: Salesiana, 2001.

45 – A *mulher samaritana*. São Paulo: Salesiana, 2001.

46 – *Alfabetto – autobiografia escolar*. 4. ed. São Paulo: Ática, 2002.

47 – *Gosto de uva: textos selecionados*. Rio de Janeiro: Garamond, 2003.

48 – *Típicos tipos: coletânea de perfis literários*. São Paulo: A Girafa, 2004. [2. ed., 2022].

49 – *Saborosa viagem pelo Brasil: Limonada e sua turma em histórias e receitas a bordo do fogãozinho* [com receitas de Maria Stella Libanio Christo]. 2. ed. São Paulo: Mercuryo Jovem, 2004.

50 – *Treze contos diabólicos e um angélico*. São Paulo: Planeta do Brasil, 2005.

51 – *A mosca azul: reflexão sobre o poder*. Rio de Janeiro: Rocco, 2006.

52 – *Calendário do poder*. Rio de Janeiro: Rocco, 2007.

53 – *A arte de semear estrelas*. Rio de Janeiro: Rocco, 2007.

54 – *Diário de Fernando: nos cárceres da ditadura militar brasileira*. Rio de Janeiro: Rocco, 2009.

55 – *Maricota e o mundo das letras*. São Paulo: Mercuryo Novo Tempo, 2009.

56 – *Minas do ouro*. Rio de Janeiro: Rocco, 2011.

57 – *Aldeia do silêncio*. Rio de Janeiro: Rocco, 2013.

58 – *O que a vida me ensinou*. São Paulo: Saraiva, 2013.

59 – *Fome de Deus: fé e espiritualidade no mundo atual*. São Paulo: Paralela, 2013.

60 – *Reinventar a vida*. Petrópolis: Vozes, 2014.

61 – *Começo, meio e fim*. Rio de Janeiro: Rocco, 2014.

62 – *Oito vias para ser feliz*. São Paulo: Planeta, 2014.

63 – *Um Deus muito humano: um novo olhar sobre Jesus*. São Paulo: Fontanar, 2015.

64 – *Ofício de escrever*. Rio de Janeiro: Rocco, 2017.

65 – *Parábolas de Jesus: ética e valores universais*. Petrópolis: Vozes, 2017.

66 – *Por uma educação crítica e participativa*. Rio de Janeiro: Rocco, 2018.

67 – *Sexo, orientação sexual e "ideologia de gênero"*. Rio de Janeiro: Grupo Emaús, 2018. (Coleção Saber).

68 – *Fé e afeto: espiritualidade em tempos de crise*. Petrópolis: Vozes, 2019.

69 – *Minha avó e seus mistérios*. Rio de Janeiro: Rocco, 2019.

70 – *O marxismo ainda é útil?* São Paulo: Cortez, 2019.

71 – *O Diabo na corte: leitura crítica do Brasil atual*. São Paulo: Cortez, 2020.

72 – *Diário de quarentena: 90 dias em fragmentos evocativos*. Rio de Janeiro: Rocco, 2020.

73 – *Espiritualidade, amor e êxtase*. Petrópolis: Vozes, 2021.

74 – *Tom vermelho do verde*. Rio de Janeiro: Rocco, 2022.

75 – *O estranho dia de Zacarias*. São Paulo: Cortez, 2022.

76 – *Jesus militante: Evangelho e projeto político do Reino de Deus*. Petrópolis: Vozes, 2022.

77 – *Os anjos de Juliana*. São Paulo: Mercuryo Jovem, 2023.

78 – *Jesus rebelde: Mateus, o Evangelho da ruptura*. Petrópolis: Vozes, 2024.

79 – *Jesus revolucionário: contradição de classes no Evangelho de Lucas*. Petrópolis: Vozes, 2024.

80 – *Quando fui pai do meu irmão: o desafio é sempre imprimir sentido à existência*. Rio de Janeiro: Edições 70; Almedina; Alta Books, 2025.

Obras sobre Frei Betto

BENTO, F.R. *Frei Betto e o socialismo pós-ateísta*. Porto Alegre: Nomos, 2018.

CARVALHO, L.F. *Teologia política, espiritualidade militante*. Campinas: Saber Criativo, 2018.

CASAGRANDE, A. *Jesus na ótica da literatura*: análise teológico-literária do romance de Frei Betto "Um homem chamado Jesus". São Paulo: Reflexão, 2011.

DERIVET, A.R. *Los afortunados entrevistadores de Fidel*: Frei Betto, Gianni Miná, Tomás Borge, Ignacio Ramonet. La Habana: Oficina de Publicaciones del Consejo de Estado, 2007.

FREIRE, A.; SYDOW, E. *Frei Betto*: biografia [Prefácio de Fidel Castro]. Rio de Janeiro: Civilização Brasileira, 2016.

FREIRE, A.; SYDOW, E. *Frei Betto*: the political-pastoral work of a Dominican Friar in Brazil and Beyond. Brighton/Chicago/Toronto: Sussex Academic Press, 2020.

FREIRE, A.; SYDOW, E. *Sobre Frei Betto*: una biografía [Prólogo de Fidel Castro]. Havana: José Martí, 2017.

RAMÍREZ, A.E.; TORRIENTE, P. *Sueño y razón en Frei Betto*: entrevista al fraile dominico, escritor y teólogo brasileño. Cuba: La Habana, 2018 [Equador: Abya-Yala, 2018].

VANNUCHI, C.; CAMARGO, S. *Fome*: como enfrentar a maior das violências. São Paulo: Discurso Direto, 2002.

EDITORA VOZES LTDA.
Rua Frei Luís, 100 – Centro – Cep 25689-900 – Petrópolis, RJ
Tel.: (24) 2233-9000 – E-mail: vendas@vozes.com.br